_____ 드림

브라질 시장의 잠재력과 투자가치를 주목하라

브라질은
바나나를 닮았다

브라질은
바나나를 닮았다

초판 1쇄 인쇄 2018년 1월 17일
초판 1쇄 발행 2018년 1월 24일

지은이 이영선

발행인 장상진
발행처 경향미디어
등록번호 제313-2002-477호
등록일자 2002년 1월 31일

주소 서울시 영등포구 양평동 2가 37-1번지 동아프라임밸리 507-508호
전화 1644-5613 | **팩스** 02) 304-5613

ISBN 978-89-6518-241-2 03320

브라질 시장의 잠재력과 투자가치를 주목하라

브라질은
바나나를 닮았다

이영선 지음

경향미디어

브라질 국기.
초록은 농업과 산림 자원을, 노랑은 광업과 지하자원을, 파랑은 하늘과 황도를 의미한다.
흰색 띠에는 초록색으로 '질서와 진보(Ordem e Progresso)'라는 국가 모토가 쓰여 있다.
27개의 별은 각 주를 상징한다.

26개 주와 1개 연방구로 나누어진 브라질의 지도

브라질은 어떤 나라인가?

브라질 사람들은 거절에 익숙하지 않다. 브라질에는 '슈하스코'라는 고기집이 유명하다. 소고기가 야채 값과 같을 정도로 흔한 브라질에서나 가능한 방식인데 웨이터들은 각자 소의 다른 부위를 꼬치에 끼워서 테이블을 돌면서 손님에게 권한다. 손님이 긍정의 표시를 하면 웨이터는 꼬치에서 고기를 조금 떼 내어서 손님의 접시에 얹어 준다. 그런데 잘 나가는 부위를 갖고 있는 웨이터는 신나는 표정이고, 거절을 많이 당하는 웨이터는 무표정하다. 작은 거절에도 익숙지 않은 모습이다.

브라질 사람들은 다정다감하고 친절하다. 3년 전에 필자가 브라질에 오자마자 느낀 점이다. 브라질에 온 모든 외국인이 그렇게 생각한다. 상파울루 시내의 도로 환경은 좋지 않아도 차 사고가 적은 것은 운전자들이 양보를 잘 하기 때문이다. 어떤 운전자는 끼어들려는 차를 위해 자기 차를 후진하는 과도한 양보도 결행한다.

필자가 호주나 이스라엘에서 살았을 때는 그곳 주민들의 감시의 눈길이

느껴졌는데 브라질에서는 강도의 눈길 외에는 따뜻하다. 환경이 거친 나라는 나무가 거칠고 뾰족하지만, 브라질의 나무는 커서 넉넉하고 잎도 둥근 모습이다. 브라질에 사는 사람도 그렇다.

"브라질은 자원이 많은데 왜 못사느냐?"

브라질에 온 외국인들이 첫 번째로 가장 많이 던지는 질문이다. 브라질 사람의 심성을 탓하는 듯한 질문이다. 실제로 도심을 조금만 벗어나면 초원, 소 떼, 붉은색 흙이 끝없이 펼쳐져서 브라질의 풍요로움을 즉시 느낄 수 있다. 브라질의 자원은 지구가 있을 때부터 땅속에 있었다. 땅속의 자원을 활용하지 못하는 것은 게으름이 아니라 기술의 문제이다.

브라질은 국가의 강한 조직력과 사회적 응집력으로 국민을 이끌기 위해 국가 체계를 점검해볼 필요가 있다. 왜냐하면 신자유주의를 주창하는 선진국도 대항해 시대와 식민지 개척의 시대에 국가의 체계적인 지원으로 지금의 부를 축적했기 때문이다. 지금 그들이 누리는 풍요로움은 오랜 기간 국가적인 노력의 결과이다.

브라질은 잠재력에 비해서 못살기 때문에 다른 나라로부터 쉽게 비난을 받는다. 결과가 좋지 않다 보니 많은 것이 부정된다. 국민적 자존감을 갖지 않은 나라는 없다. 싫은 소리 들어서 기분 좋을 리도 없다. 달리 보면 이것은 큰 나라 브라질에 대한 관심이다. 브라질이 가지고 있는 다양성과 자원에 대한 질투이다.

우리는 대국 브라질에 관심이 많다. 우리가 갖지 못한 것을 브라질은 갖고 있다. 미국, 중국, 러시아 등 다른 대국과 달리 순수하게 경제적인 측면에서 서로 이익이 되는 관계를 만들 수 있다. 이미 우리 기업들은 브라질의 잠재력을 보고 1990년대부터 많은 분야에서 브라질에 꾸준히 진출해 왔다.

브라질이 꾸준히 발전하고 있는 것은 확실하다. 국가 체계를 합리적으로 재정비하기 위해 계속 노력한다. 국민들은 1889년 공화국을 시작할 때 국기에 써 넣었던 '질서·진보'를 되새긴다. 관례로 인정되던 것도 이제는 대통령의 탄핵 사유가 되었다. 국민들은 1985년 민주화 이후 좌우파의 정권을 겪으면서 계몽되었다. 큰 유조선처럼 서서히 움직일 뿐이다.

브라질이 전 세계에서 확실히 1등을 하는 것은 축구이다. 월드컵 때마다 전문가들은 브라질을 우승 후보로 꼽고 브라질 국민들도 우승을 당연한 것으로 기대한다. 세계 1등 축구를 보면 브라질과 한국이 어떤 길로 가야 할지가 보인다.

이 책은 브라질의 체계를 살펴보고 교훈을 얻기 위한 것이다. 책의 제1장은 필자가 생각하는 체계의 개념과 종류이다. 제2장에서는 브라질 체계의 형성과 비용을 살펴보았다. 브라질은 광대함에서 나오는 다양성이 있는 반면 양극화가 심한 사회이다. 양극화는 좌절한 계층을 만들고 국가에게는 비용이 요구된다. 제3장에서는 브라질과 한국, 중국, 호주, 이스라엘의 체계와 비교하면서 브라질 체계의 특징을 부각시켰다. 제4장에서는 브라질 축구와 비교하면서 한국이 강한 체계를 갖기 위한 제언을 정리했다. 한국형 철학이 필요하며, 경제영토를 넓혀야 하며, 무한경쟁을 벗어나기 위해서는 국제 경제에서 필수적인 축을 담당하는 필수재를 만들어야 한다. 모든 죄악은 극단에 있고, 선은 중간에 있다. 우리는 보수와 진보의 한쪽보다는 두 개의 아우르는 '질서·진보의 체계'로 나아가면서 강한 체계를 만들어야 한다.

이 책을 쓰면서 여러 분께 도움을 받았다. 같이 브라질에 대해 토론한 무역관의 강민주 과장, 이성훈 과장, 백승원 과장, 박성환 과장, 최선욱 과장, 강유빈 씨, 지하드 씨, 홍주연 씨에게 감사드린다. 특히 홍주연 씨와 강유빈 씨로부터는 큰 도움을 받았다. 김소연 상파울루 한국교육원장, 안동환 이사, 이선자 누님의 의견도 큰 도움이 되었다. 지난 3년간 KOTRA를 광폭 경영으로 이끄신 김재홍 사장님, 필자에게 '개념'을 가르쳐 주신 오영호 전 KOTRA 사장님, 글을 보고 항상 배우게 되는 조환익 전 KOTRA 사장님, 무역관 활동을 애정으로 도와주신 이정관 브라질 대사님과 홍영종 전 상파울루 총영사님께 감사드린다. 브라질 한국상공회의소 최태훈 회장님, 연합뉴스 김재순 특파원님, 현대자동차 이용우 부사장님, 브라질 대사관 윤진영 상무관님, 김요진 한인회장님께도 감사드린다. Temon사의 Alvaro Jose Resende Assumpcao 회장님께도 감사드린다. 어려운 출판 환경에서도 출판을 결정해주신 경향미디어의 장상진 사장님, 이영민 편집장님, 김영화 주간님께도 감사드린다. 처 반미현, 두 딸 이예준과 이연준의 큰 격려에 고마움을 전한다.

이영선

차례

제1장

브라질을 보며
체계를 생각한다

여기서는 한 국가의 체계를 살펴보기 위해 필자가 생각하는 체계의 개념에 대해 서술하기로 한다. 브라질은 신의 축복을 받은 풍요로운 나라이다. 웬만한 땅에서는 3모작이 가능하고 광물도 풍부하다. 사람들도 친절하고 착하다. 브라질은 초강대국의 조건을 갖추었다. 그렇지만 브라질은 아마존과 같은 정체된 모습이 아니라 더 발전해야 한다. 브라질의 국가 체계를 한 번 생각해 볼 필요가 있다. 필자가 생각하는 체계는 사람, 관념적 틀, 물리적 틀로 구성되는데 체계는 시간이 지나면서 진화한다. 브라질을 비롯한 전 세계 많은 나라에서는 서구식 체계가 주류이다.

01

바나나를
닮은 나라

　브라질은 바나나를 닮았다. 농장에서 넓은 잎의 바나나 나무들이 서로 엉켜서 자라는 모습은 여러 인종이 싸우지 않고 사는 브라질 같다. 여러 갈래로 시원스럽게 뻗은 바나나 나무의 큰 줄기와 우산만큼 큰 잎은 무엇에도 방해받지 않고 평화롭게 자란 듯하다. 인공적인 도움 없이 한 뿌리의 나무에서 일년에 세 번씩 수확할 수 있고 한 송이에 수십 개의 바나나가 알알이 커 가는 모습은 풍요한 브라질의 상징이다. 척박한 땅과 혹독한 날씨를 극복하고 자란 광야의 가시 돋친 잡목과는 애초부터 신분이 다르다.

　브라질 사람들은 바나나를 닮았다. 겉과 속의 색이 크게 다르지 않다. 겉이 검게 변해도 속은 본래 그대로이다. 가시 돋친 파인애플과는 다르게 안팎이 모두 부드럽다. 겉은 노란색 고무처럼 질겨 보여도 안은 한없이 부드럽다. 칼 없이 손으로 쉽게 껍질을 벗겨 먹을 수 있고, 씨와 심도 없어서 먹기에도 편하다. 처음 보는 사람한테도 상대방이 불편하지 않게 친절을 베푸는 브라질 사람 같다. 추운 나라의 뾰족뾰족한 나무와 잎과 달리 모나지 않은 둥글둥글한 바나나는 이곳에 사는 사람의 모습과 같다. 바나나킥을 잘 차는 브라질 축구는 세계 최고이다.

노란색은 브라질의 색이다. 브라질은 국기 한가운데에 일찌감치 풍부한 광물을 상징하는 금빛 나는 노란색을 넣었다. 국가대표 축구팀의 노란색 유니폼은 삼바 축구의 상징이다. 화려한 삼바 축제에서도 노란색 옷과 치장이 가장 많다. 가도 가도 끝없이 펼쳐진 사탕수수밭도 커 가면서 점차 누렇게 변색된다.

브라질 사람들은 흔한 바나나를 좋아한다. 시골에서 바나나는 한 송이에 1,000원도 안 되기 때문에 브라질에서는 아주 값싼 것을 말할 때 "바나나 값이네."라는 말이 있을 정도이다.

브라질의 바나나 농장

브라질은 유럽계, 아프리카계, 원주민계, 아시아계, 중동계 등 다양한 인종으로 구성되었지만 바나나는 누구나 좋아하는 사회 통합의 과일이다. 황량한 사막의 중동에서 말린 대추야자가 요긴한 에너지원이라면 브라질에는 바나나 농축 젤리, 말랭이가 있다.

아침 식사에서도 바나나는 빠지지 않는다. 비타민도 풍부하고 포만감을 느끼게 해서 운동하는 사람들의 애용식품이다. 튀기거나 삶은 바나나 요리는 브라질 뷔페에서 필수이다.

바나나는 기쁨을 주는 과일이다. 1970년대 한국의 TV 코미디 프로에서 등장인물들이 서로를 넘어뜨려 골탕 먹이는 수단은 바나나 껍질이었다. 손가락보다 조금 큰 바나나는 상파울루의 공원에서 작은 원숭이를 사람의 손바닥, 어깨, 머리까지 유인하는 좋은 수단이다. 원숭이가 날름 바나나를 채어 가서 나무 위에서 먹는 모습에 어린이들은 즐거워한다.

바나나 공화국이라는 말이 있는데, 일부 선진국들이 바나나 등 1차 산물을 수출하여 먹고사는 가난한 중남미 나라를 폄하하는 말이다. 하지만 바나나가 나지 않는 나라가 바나나를 조롱할 자격은 없다.

02

아마존 체계에서
질서·진보 체계로 나아가다

아마존은 정체를 상징한다. 지구의 허파로 불리며 개발되지 않는 과거를 그대로 간직하고 있기 때문이다. '질서·진보'에서 질서는 기존에 만들어진 법, 제도, 관습을 준수하는 보수의 의미를 갖고 있다. 진보란 새로운 단계나 방향으로 이동하는 것이다. 따라서 '질서·진보'는 기존 질서를 존중하면서 앞으로 나아가자는 보수와 진보의 의미를 모두 갖고 있다. 브라질은 1889년에 왕정에서 연방공화국으로 전환되면서 국가 발전의 모토로 '질서와 진보(Ordem e Progresso)'를 국기에 써 넣었다.

필자는 브라질에 주재하는 기업들과 함께 아마존의 한 원주민 섬마을을 방문한 적이 있다. 배에서 내려 마을 입구를 지나자 야자수 나뭇가지로 덮은 지붕의 마을회관이 보였다. 회관 주위에는 주민들이 사는 작은 집들이 있었다. 우리 일행이 회관에 도착하자 추장과 20여 명의 주민이 우리를 맞이했다. 원주민들은 액세서리가 주렁주렁 달려 있는 치마 스타일의 복장을 하고 있었다. 추장은 우리에게 자신들의 생활, 결혼, 지도자 선출 방법 등에 관한 이야기를 해 주고 단체로 환영의 춤을 추었다.

아마존 원주민들의 생활은 과거와 다르지 않다. 고유의 관혼상제 전통을 지키면서 외부와의 접촉이나 문물의 도입을 거부한다. 마을 공동체의 기존 질서를 무너뜨리거나 원주민들이 하나둘씩 육지 도시로 나가서 마을이 없어지는 두려움도 있었을 것이다. 설사 한 주민이 육지로 나가더라도 얼굴과 몸에는 이미 많은 '아마존 표' 문신이 새겨져 있어서 주변 사람들의 시선 때문에 적응하지 못했을 것이다. 제한된 섬의 한정된 자원과 노력으로는 마을을 변화시킬 수 없었다.

반면에 아마존에서 핸드폰, 노트북 등 첨단 전자제품을 생산하는 한 외국계 전자 업체는 현대식 경영 체계로 브라질 노동자들의 변화를 이끌어 냈다. 회사 관계자에 따르면 지속적인 교육과 품질 개선에 따른 인센티브

아마존에 있는 집

를 제공함으로써 처음에는 수동적이던 노동자들이 시간이 지나면서 창의적인 아이디어를 제안하기 시작했다. 한 예로 노동자들이 일직선 상의 컨베이어보다 원형 방식의 조립 라인을 만들어 줄 것을 제안해서 설치했는데 생산 라인의 공간이 줄어들었을 뿐만 아니라 생산성도 높아졌다.

큰 나라가 체계를 바꾸는 데는 시간이 필요하다. 그동안 대국 브라질이 정치·경제적으로 진정한 대국으로 발돋움하지 못한 것은 외부로부터의 경쟁과 자극이 없었기 때문이다. 또한 비효율이 국가 체계에 누적되어 왔지만 풍요로운 큰 나라여서 웬만한 문제는 표시 나지 않아서 덮어 둘 수 있었다. 그러나 최근 들어 정치·사회적으로 부패한 사건들이 터지면서 국민들의 의식도 깨어나고 있다. 브라질은 지금 '아마존 체계'에서 사랑으로 시작해서 질서로 기초를 다지며, 진보를 목표로 나아가는 '질서·진보'의 체계로 나아가고 있다.

03

좋은 지식과 실행 경험이 축적되다

체계는 유기적으로 발전한다

체계란 '관념적 틀', '물리적 틀', '사람(인적 원형)'으로 구성되어 어떤 목적을 달성하기 위해 짜임새 있게 조직된 통일된 전체이다. '관념적 틀'이란 사상, 법률, 제도, 관습 등 하나의 목적을 이행하기 위해 개념화된 규정이다. '물리적 틀'이란 관념을 이행하기 위한 물리적 수단이다. 체계의 주체이자 객체는 사람인데 인적 원형은 사람을 움직이는 작동 원리이다. 사람(인적 원형)은 관념적 틀이나 물리적 틀을 변화시킬 수 있다. 반대로 관념적·물리적 틀이 사람(인적 원형)을 바꿀 수 있다.

인적 원형은 교육을 통해 계발된다. 체계가 효과적으로 가동되기 위해서는 사람, 관념적 틀, 물리적 틀이 조화를 이루어야 한다. 자동차가 도로

체계의 구성

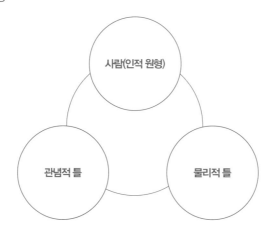

에서 최적의 속도를 내기 위해서는 운전자(운전 기술), 교통법 준수, 성능 좋은 차, 곧게 뻗고 평평한 도로 등이 모두 함께 충족되어야 하는 것과 같다.

세상은 체계로 구성되어 있다. 지구상 모든 국가가 따르는 국제 체계에서부터 개별적인 제품·서비스에 이르기까지 체계가 있다. 국제 체계는 인류의 평화와 번영을 위하거나 강대국의 이익을 실현하는 국제 질서로도 이해된다. 국제기구나 국제법을 통해서 회원국에 대한 관리 체계가 가동된다. 국가 체계는 한 문화권 아래에서 국민의 안전과 번영을 위한 공동체인데 국민, 법·관습, 영토 등이 구성 요소이다. 조직 체계는 특정 목표를 위해 설립된 사회, 회사, 모임 등이 있다. 우리가 사용하거나 생산하는 제품이나 서비스도 목적과 실체가 하나로 묶여 있는 체계이다.

체계는 단계를 거쳐서 만들어지고 발전한다. '새로운 체계의 필요성 → 체계 구축을 위한 정보의 확보 → 체계의 구축과 활용 → 지식과 경험의 축

체계의 종류

구분	목적	구성 요소
국제 체계	인류의 평화와 번영	인류, 회원국, 국제법, 국제기구 등
국가 체계	국민의 안전과 행복	국민, 영토, 법률, 사상, 관습, 인프라 등
조직 체계	설립 목적의 달성	조직원, 규정, 시설·자금, 사무 공간 등
사상·관념 체계	인간의 행복	경전, 사상가, 추종자 등
제품·서비스 체계	개발 목적의 달성	목적, 생산자, 사용자, 원료, 제조 규정, 서비스 절차 등

적 → 체계의 개선'의 단계를 거친다. 새로운 체계를 만들기 위해서는 좋은 정보의 수집이 가장 중요하다. 빅데이터 시대에는 전 세계에서 문서, 영상 등 다양한 데이터를 신속하게 입수할 수 있다. 과거에는 제한된 데이터로 전체의 특성을 추측하여 체계를 구축했지만 이제는 많은 정보를 수집·분석하여 전체를 꿰뚫는 올바르고 명확한 오류가 적은 원칙을 만들 수 있다.

좋은 체계는 좋은 지식과 실행 경험의 축적이다. 지식과 경험이 체계에 반영되어 체계는 더욱 정교하게 진화된다. 1997년 한국의 금융위기 때 한 건설회사는 경험 많은 고참을 해고하고 대신 박사급의 젊은 고급 인력으로 충원했다. 그런데 이 회사가 지은 발전소가 고장 났을 때 젊은 고급 인력으로는 원인을 찾을 수가 없었다. 결국 해고되었던 고참들을 다시 데려

체계의 발전

새로운 체계의 필요성 ⇨ 체계 구축을 위한 정보의 확보 ⇨ 체계의 구축과 활용 ⇨ 지식과 경험의 축적 ⇨ 체계의 개선

원칙의 복잡성과 정보량의 관계

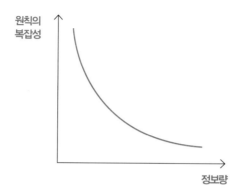

온 후에야 문제점을 찾을 수 있었다.

미국은 이스라엘의 항공우주산업을 무시하지 못한다. 미국이 개발한 신무기의 문제 해결에 이스라엘로부터 배울 것이 있기 때문이다. 이스라엘은 아랍과 팔레스타인과 분쟁 과정에서 첨단 무기를 실제로 사용한다. 이스라엘 군대는 예비군 중심으로 되어 있어서 전쟁이 나면 방위산업체 예비군인 직원도 전투에 투입된다. 이들은 자기가 만든 무기를 전투 현장에서 사용하고 개선이 필요한 사항을 직장에 복귀해서 반영한다.

동일한 체계는 동일한 결과를 가져온다. 많은 나라가 정치적으로는 민주주의, 경제적으로는 자본주의, 종교적으로는 기독교를 채택하고, 세계화의 영향으로 다른 나라의 좋은 체계를 채택하면서 점차 국가 간의 특성이 줄고 있다.

우리나라 경제·사회의 모습은 10년 전에 일본이 겪었던 모습과 아주 비슷하다. 한국과 일본의 수출 주도형 경제 발전 모델을 채택한 중국 경제가 30년 전 일본의 거품경제를 닮았다는 FT의 보도가 있었다. 중국이 기업,

2010년대 중국과 1980년대 일본의 평행 이론

구분	2010년대 중국	1980년대 일본
초대형 기업 인수	430억 달러 (신젠타 → 중국화공)	34억 달러 (컬럼비아 픽처스 → 소니)
초대형 부동산 구입	20억 달러 (뉴욕 왈도프 아스토리아 → 안방보험)	9억 달러 (뉴욕 록펠러센터 → 미쓰비시)
초고가 미술품 구입	1억 7,000만 달러 (모딜리아니의「누워 있는 나부」→ 류이첸 선라인 그룹 회장)	8,250만 달러 (반 고흐의「가셰 박사의 초상」→ 사이토 료헤이 다이쇼와 제지 명예회장)
연간 해외 여행객	1억 2,200만 명. 전체 인구의 8.56% (2016년)	960만 명. 전체 인구의 7.85% (1989년)
1인당 GDP	8,069달러 (2015년)	2만 3,472달러 (1989년)

한국일보 2017. 5. 20.

부동산, 미술품 등에 막대한 자금을 투자하고, 노동가능 인구 15~24세의 인구 비중이 줄고, 중국의 부동산 가격이 급등하고, 중국 GDP에서 부채비율이 큰 점이 일본과 같다는 것이다. 중국의 대학 입시의 치열한 경쟁과 부모들의 헌신은 우리가 오래전부터 한국에서 보아 온 낯익은 광경이다. 민주주의와 자본주의를 채택한 브라질의 한 지방도시에서도 우리나라와 마찬가지로 외국 기업의 투자 유치를 위해 시장이 앞장선다.

하나의 조직 체계에 오래 있으면 동일한 의식 구조를 갖게 된다. 같은 직장에서 일하면 직원들의 사고와 행동 그리고 목소리까지 같아진다. KOTRA 직원들은 해외의 근무 지역은 다르지만 매일매일 본사로부터 같은 정보와 요청을 받으면서 일한다. 직원들이 모여서 토론을 하면 어떤 사안에 대한 인식과 결론은 비슷하다. 일반 미국인들의 사고는 자유로워도,

필자가 카투사로 근무하면서 본 미군은 상대방이 적이라고 단정되면 적대감을 맹목적으로 표출했다. 군대의 조직 체계에서 아군과 적군만을 인식케 하는 환경 때문이다. 사람은 그가 있는 지역보다 그가 속한 조직에 더 영향을 받는다.

체계는 사람을 통해서 전파된다. 공자는 중국의 여러 나라를 다니면서 '예'라는 사상 체계를 전파했다. 사도 바울은 세 차례에 걸친 터키, 그리스 등으로의 전도 여행을 통해서 기독교를 전파했다. 미국 제약회사 출신의 한 마케팅 전문가는 한국의 여러 제약회사를 옮겨 다니면서 비슷한 해외 마케팅 전략 체계를 심었다.

한 번 설정된 체계는 일정 시점 이후부터는 자생력을 갖고 유기적인 성장을 한다. 호주 맥콰리 은행은 공항, 도로 등 인프라 투자를 전문으로 하는 투자 은행이다. 2000년에 한국에 처음 진출했을 때 직원이 3명이었는데 지금은 계열사가 10개가 넘고 직원은 300명이 넘는다. 존워커 한국 회장은 "우리는 처음 한국에 투자할 때 지금과 같은 규모로 사업을 키울 계획은 없었다. 맥콰리 은행은 단기보다는 장기간 꾸준하게 수익을 올리는 인프라 투자에만 투자하는 사업 체계를 한국에 선보인 것뿐이다. 처음 프로젝트가 성공한 이후 새로운 프로젝트도 알게 되고, 투자처를 찾는 한국 금융기관들이 찾아오면서 맥콰리는 성장했다."라고 조직 체계의 성장을 설명했다.

과거와 단절된 새로운 체계는 없다. 과거에 만들어진 관념적·물리적 체계가 없으면 새로운 지식과 경험을 담을 수 없다. 또한 비효율적인 요소는 체계 내에서 제거하고, 지속적인 연구로 완벽함을 추구해 나가야 한다. 사고 없는 항공기는 과거의 엄청난 운행 정보 분석과 이에 따른 수많은 설계의 변경이 있었다.

전쟁을 통해 효율적인 체계를 갖추게 된다

이웃 나라들이 고만고만해서 큰 경쟁이 없는 곳이 중남미이다. 남미에서 가장 면적이 넓은 나라 브라질은 주변에 경쟁할 만한 나라가 아르헨티나이지만 이 나라조차도 브라질의 1/3 수준이어서 적수가 안 된다. 강대국들은 전쟁을 통해서 성장했다. 전쟁을 통해 한 국가의 동원 체계가 확실하게 정립되고 국민적으로 단결된다. 유럽이 중국을 앞설 수 있었던 한 원인은 유럽 각국 간에 끝없이 이어진 경쟁과 전쟁이다. 중국은 진나라 이후에 통일되어서 전쟁의 대상이 줄었지만 유럽은 치열하게 싸우면서 커 왔다.

승전국은 전쟁을 치르면서 효율적인 동원 체계가 만들어지고 이에 따라 국가 체계도 효율적이 된다. 전쟁은 하나의 거대한 프로젝트인데 군인을 먹이고 입히고 재워서, 훈련시키고 무장시켜서, 전장으로 이동시켜서 치밀한 작전 하에 전투를 하는 것이다. 전쟁에서 비효율적인 동원·관리 체계는 패배 또는 죽음을 뜻한다. 개별 기업이 해외에 투자하기 위해서는 진출 대상국을 조사하고, 투자 계획을 세우고, 기계와 원자재를 가져가서, 현지에 공장을 세우고 직원을 고용하여 생산하고 판매하기까지 수년간의 조사가 필요하다. 하물며 국가가 다른 나라를 공격하는 것은 엄청난 계획과 자원이 소요되기 때문에 치밀하고 효율적인 동원 체계는 필수이다.

효율적인 군대 체계의 시작은 세계 최초로 총참모부를 만든 독일이다. 제1차 세계대전 초기에 독일이 승승장구할 수 있었던 것은 총참모부 덕분이다. 1860년대 이전에 유럽 대부분의 군대는 전투부대와 이를 지원하는 병참·인사공병으로 각각 구성되어 있다가 전쟁이 터지면 지휘부가 설치되면서 총참모부가 구성되었다. 그러나 독일은 우수한 육군사관 생도들로 구성된 총참모부가 전시 동원 체계와 작전 계획을 미리 세워서 훈련을 반복했다. 이미 수립된 작전을 실행한 후 조정하면서 전쟁을 수행했다. 전쟁이 끝난 후에는 작전, 조직, 훈련, 무기 등의 체계를 분석하여 더욱 완벽한 체계를 만들었다.

브라질은 파라과이와의 전쟁을 통해서 군대 체계가 만들어졌다. 브라질은 역사상 두 번의 전쟁을 치렀는데 첫 번째는 1825~1828년 아르헨티나와의 전쟁이고, 두 번째는 1864~1870년 브라질·아르헨티나·우루과이 3개 연합국이 파라과이를 상대로 한 남미 최대의 유혈 전쟁이다. 브라질은 파라과이와의 전쟁을 통해 제대로 된 군대를 갖게 되었다. 큰 나라에서 절대적으로 부족했던 병참의 동원 체계도 만들어졌다. 국민적인 단결도 얻었다. 반대로 패전한 파라과이는 인구의 60%, 남성 인구의 90% 이상이 사망했고, 영토도 16만km²을 승전국에게 빼앗겨서 이과수폭포를 브라질과 아르헨티나에게 내주었다.

•브라질과 아르헨티나 전쟁•

1825년부터 1828년까지 벌어진 아르헨티나와 브라질 사이에 일어난 전쟁. 500일 전쟁이라고도 한다. 원인은 브라질이 오늘날 우루과이인 시스플라티나 주를 점거하여 속주화하였으나, 시스플라티나 주민들이 브라질의 지배를 반대하여 주민 33명이 아르헨티나에 망명정부를 세우고 독립을 선언한 것 때문이다. 아르헨티나가 시스플라티나 주의 독립을 지지했기 때문에 브라질은 아르헨티나를 상대로 선전포고를 하였다.

전쟁 초기에는 브라질이 우세하였으나, 아르헨티나군이 반격하여 전세가 역전되었으며, 대서양 준칼(Juncal) 해전에서 브라질이 패배하였다. 브라질이 패전의 위기에 몰리자 프랑스와 영국이 중재하여 종전했다. 성난 브라질 국민들로부터 퇴임 압박을 받은 브라질 황제 페드루 1세는 포르투갈로 망명했고, 시스플라티나 주는 우루과이라는 이름으로 독립했다.

•브라질·아르헨티나·우루과이 3국과 파라과이 전쟁•

1864년부터 1870년까지 브라질·아르헨티나·우루과이와 파라과이 사이에 일어난 전쟁. 3국 동맹 전쟁이라고도 한다. 내륙 국가인 파라과이는 파라나 강을 통한 대서양 해상교역의 열망을 품고, 강의 수역 우선권을 장악하고자 강 인근에 요새를 구축하는 등 인접국인 브라질과 신경전을 벌였다. 한편 우루과이의 정치는 브라질을 지지하는 홍당과 파라과이를 지지하는 백당으로 양분되어 있었다. 파라과이가 브라질과 우루과이 간 중재자 역할을 수행하겠다고 제의했으나 브라질이 거절하였고, 이에 파라과이는 브라질에 선전포고를 하였다.

파라과이는 우루과이의 정치에 개입하기 위해 아르헨티나를 경유하여 진군하고자 하였으나, 아르헨티나가 이를 거절하였다. 그러나 아르헨티나는 우루과이로 진군하는 브라질의 경유를 허가하였다. 이에 파라과이는 아르헨티나에 선전포고를 했고, 우루과이는 내란에서 홍당이 승리하자 브라질과 결탁하여 3국 동맹 전쟁으로 발전하였다. 전쟁 중에 파라과이의 로페스 대통령이 사망하면서 종전되었다.

파라과이의 전쟁 전후의 영토

한편 전쟁은 미국이 국제 경제 체계를 주도하는 수단이다. 미국은 제2차 세계대전에 참전하면서 쇠락하는 영국으로부터 강대국의 지위를 이어받은 후 전 세계에서 벌어지는 전쟁에 참가하면서 전 세계에 군사 네트워크를 구축했다.

미국은 금본위제를 1971년에 끝내면서 금의 역할을 대신할 상품으로 석유를 보고 국제 시장에서 석유 거래를 미국 달러화로 거래하도록 하면서 달러의 국제 기축통화의 지위를 유지해 왔다. 달러화에 대한 전 세계의 수요로 미국은 세계의 중앙은행 역할을 하고, 미국의 금융 산업은 발전하면서 전 세계에 금융 네트워크를 구축했다.

석유는 필수적인 산업 연료로서뿐만 아니라 미국이 세계 경제에서 주도하는 중요한 요소이다. 미국은 중동에서 친미 국가를 세우거나, 반미 국가와의 전쟁을 불사했다. 1971년 금본위제 폐지 이후에는 중동 지역에서의

제1차 세계대전 이후 미국이 수행한 주요 전쟁

전쟁	기간	교전국
제2차 세계대전	1939~1945년	연합국(미국, 소련, 영국 등) 대 독일, 일본, 이탈리아 등
한국전쟁	1950~1953년	유엔군(미국, 한국, 영국) 대 공산군(소련, 북한, 중국)
베트남 전쟁	1955~1975년	반공국가(미국, 한국, 호주 등) 대 공산국가(베트남, 중국)
걸프 전쟁	1990~1991년	다국적 연합군(미국 등 34개국) 대 이라크
아프가니스탄 전쟁	2001~2014년	미국, 영국, 호주, 캐나다 대 아프가니스탄
이라크 전쟁	2003~2011년	다국적 연합군(미국, 영국, 호주 등) 대 이라크

전쟁에 참전했다. 지금 미국이 국제 경제 체계를 주도하는 것은 제2차 세계대전 이후 전쟁터에서 흘린 피의 대가이다.

한국의 1960~1975년의 베트남 전쟁 참전은 우리 군인들이 비행기와 배를 타고 우리 땅 밖의 다른 나라에 가서 다른 민족과 싸운 최초의 사건이다. 한국은 미국 다음으로 많은 30만 명의 군인을 파병했다. 전쟁 수행을 위한 병참과 동원을 위해 효율적인 체계가 필요했다. 우리가 수없이 당해 온 외침에 저항하는 수비적인 성격의 전쟁이 아니어서 다른 민족에 대한 두려움도 없어졌다. 우리 기업은 베트남 전장에서의 건설 경험과 자신감을 기반으로 1974~1981년의 '중동 건설의 붐'에 적극 나섰고, 이후 아프리카와 중남미까지 거침없이 진출했다.

같은 경제 체계에서는 같은 대책이 나온다

브라질 대통령이 2016년 8월 탄핵된 이후에 후임 테메르 신정부가 발표한 경제 정책은 다른 자본주의 국가의 경제 위기 대책과 크게 다르지 않다. 탄핵의 근본 원인이 경제 침체로 국민의 삶이 고달파진 것이기 때문에 신정부의 대책은 단기적으로는 경기 부양, 장기적으로는 경제 구조 개혁이다. 브라질의 경제 위기는 브릭스로 칭송받던 2004~2011년 기업의 투자 증가로 인한 공급 과잉, 정치·경제 정책의 실패, 곡물 등 주력 품목의 수출 부진 등이 누적된 것이다. 이에 따라 2015년에는 −3.8%, 2016년에는 −3.6%를 기록했다.

경제 위기에 직면한 자본주의 국가와 마찬가지로 신정부의 핵심 대책은 외국인 투자 유치이다. 브라질은 높은 재정 적자, 낮은 국내 저축률, 높은

브라질 경제 위기의 원인

원인 누적	위기 촉발	
공급 과잉 2004~2011년 브릭스 칭송 시절 과잉 투자 경제 정책 실패 방만한 재정 정책 −대규모 경제 개발 프로그램 부진 −복지 프로그램 확대 정치 실패 9개 연립 정당의 고비용 브라질 코스트 누적 −까다로운 노무 관리, 복잡한 조세 관료주의, 부정부패, 인프라 미비 등	수요 감소 −세계 경제 성장 둔화로 원자 수출 감소→재고 누적→생산 축소→인 력 해고 경기 침체 −재계 상위 기업 비리 연루→경영 애로→공급 업체 다수 부도 위기 정치 실패 −연립정당의 서로 다른 정치 이념, 리더십 부재, 입법 애로 등	2016년 성장률 −3.6%

이자율 등으로 재정·금융 정책 수단이 제한적이다. 발표된 정책은 국영 기업의 민영화, 민관 합작 투자 사업 확대, 외국 기업의 브라질 투자 조건 완화, 인프라 프로젝트에 대한 외국 기업의 투자 유치 등이다. 한국이 1997년 외환위기 때에 썼던 정책과 유사하다.

한편 헤알화 약세에서 브라질 경제의 반응도 여느 자본주의 나라와 같다. 브라질 헤알화의 변동폭은 큰 편이다. 2011년에 1달러=1.87R$로 강세였는데 2016년 1월에는 1달러=4.17R$까지 약세였다. 특히 2016년 한 해의 변동 폭이 컸는데 시장에서는 환율이 하락할 때는 한없이 떨어질 것으로 예상했고, 상승할 때는 끝없이 오를 것으로 전망했다. 기업들은 사업 계획 수립에 어려움을 호소하면서 환율이 높든, 낮든 일정 수준에서 안정되기를 원했다.

환율 상승으로 수입 단가가 상승하여 브라질 기업은 부품 수입을 줄이고 국내에 있는 업체로 눈을 돌려 구매한다. 그 예로 브라질 폭스바겐은 환율 상승 때문에 부품의 수입 가격이 높아지고, 공급 단가 문제로 브라질 협력 업체가 시트 공급을 중단하여 수개월 생산이 중단되자 브라질에 투자 진출한 한국 업체로부터 부품 구매를 희망했다.

반면에 브라질 기업의 수출 경쟁력이 회복된다. 전통적인 수출 품목인 돼지고기, 닭고기, 농산품 등의 수출이 호조이다. 헤알화 강세 때 폐쇄했던 수출 라인도 다시 열린다. 외국 기업의 투자도 활발해진다. 경기 침체로 기업 가치도 하락하여 과거보다 낮은 달러 비용으로 인수할 수 있다. 또한 정부의 외환 보유액이 3,769억 달러(2016년 6월)로 외채보다 많고, 단기 외채도 작기 때문에 대외 지급 불능 가능성은 없다고 강조된다. 마지막으로 외국 기업의 본사는 브라질 현지 법인에 대해 지원을 늘린다. 브라질에 진출한 외국 기업들은 부품을 모회사에서 달러로 구입해서 브라질에서 생산하여 헤알화로 판매하는데 헤알화 약세는 현지 법인의 수입 단가의 상승, 달러 매출의 감소를 가져온다. 기업들은 높아진 수입 가격을 경쟁 때문에 소비자에게 전가하지 못한다. 본사는 브라질 법인에 공급하는 부품 가격을 낮추거나 브라질 법인의 재무 구조 개선을 위해 유상증자를 해 준다.

04

사상 체계가
국가의 방향을 결정하다

사람이 갖고 있는 사상은 관념적·물리적 틀에 그대로 투영된다. 사상이란 사람들이 갖고 있는 관념이다. 사상은 정치·경제·사회·문화·철학 등의 중심에 자리 잡고 있다. 사상은 크게는 한 국가의 국정 방향을 결정하고, 개인들의 관혼상제를 규정한다.

모든 세력, 민족, 국가는 독자적인 사상을 갖고 싶어 한다. 서구 사상의 뿌리는 소크라테스-플라톤-아리스토텔레스 등 그리스에서 찾고, 계보는 현대 철학까지 이어진다. 우수한 문명을 가진 이집트와 중동 제국들이 그리스에 큰 영향을 주었음에도 불구하고 시작점은 그리스로 삼는다. 그리스가 다른 서구의 나라보다 더 빨리 발전할 수 있었던 것은 동방에 더 가까웠고 지중해의 해양에 위치하여 배로 이집트와 자주 왕래했기 때문이다. 이집트 카이로의 국립박물관에는 유명한 람세스왕의 미라가 2,000년이

사상의 영향력

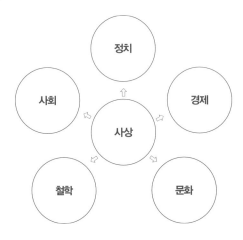

지난 뒤에도 보관되어 있다. 어마어마한 피라미드는 자원의 동원·실행 능력과 수학 지식이 없었다면 불가능했을 것이다. 그리스 문화의 발달은 이집트와 동방의 지식과 단절될 수 없다.

　기독교의 발상지인 이스라엘의 국민 99%는 아직도 5,000년 전부터 믿었던 유대교를 누가 뭐라고 해도 고수하고 기독교를 인정하지 않는다. 이슬람교도 기독교에 대응해서 중동의 독자적인 사상을 갖기 위해 600년 초에 마호메트에 의해 창시되었다. 로마 제국도 기독교를 받아들였지만 공의회를 통해서 서구식 체계를 반영했다. 기독교 성인들은 중동의 흔적은 없고 금발의 서양인으로 그려진다. 기독교는 로마의 네트워크를 통해서 전 세계에 퍼졌고 서구 사상의 근본으로 되었다.

　중국처럼 큰 나라는 더욱더 독자적인 사상 체계를 갖추려 한다. 중국이 기독교를 받아들이지 않는 것은 공산주의의 무신론·유물론 때문이기도 하지만 기독교를 받아들이면 중국의 체계가 독자성을 잃고 급속히 서구식 사상 체계로 흡수될 것을 우려하기 때문이다. 지금 중국은 전 세계에 공자학당을 세우고 공자 사상을 다시 점검하고 있다.

국민이 통일된 사상을 갖고 있으면 국민적 합의의 도출이 쉽다. 유대인과 팔레스타인인은 같은 이스라엘 땅에 살지만 한쪽은 유대교, 다른 쪽은 이슬람의 사상으로 산다. 두 민족은 종교가 다르기 때문에 의식이나 생활에서 공유하는 부분이 없어 서로 이방인 또는 적처럼 산다. 문화가 다른 사람 간에 친구가 되기는 서로 각별한 노력과 이해가 없으면 어렵다. 기독교와 이슬람의 두 권역은 신실하게 자기 믿음을 고수하며 긴 세월 다르게 예배해 왔다. 서로간의 합의 도출이 쉬울 리가 없다.

모든 사상 체계의 정립 과정은 비슷하다. 공자(기원전 551~기원전 479), 석가모니(기원전 563년경~기원전 483년경), 소크라테스(기원전 470~기원전 399), 예수(기원후 4년 추정~30)가 주창한 사상의 창조 과정은 '새로운 사상 제시', '좌절과 죽음', '제자', '후대 이론가의 등장', '사상의 체계화와 확산'을 거쳤다.

새로운 사상가는 기존 관념에 도전하는 사상을 주창한다. 주제는 대부분 인간이 아직도 정답을 못 찾은 근본적인 문제이다. '나, 생명, 시간, 공간, 우주, 신은 무엇인가?' 등이다. 사상가는 비주류이기 때문에 초기에는 비기득권층을 대상으로 사상을 전파한다. 새롭게 제시된 사상이기 때문에 제자를 깨우쳐 주거나 문답하는 형식으로 설명된다. 공자는 자로, 염유, 유약 등 제자가 많았는데 그중 뛰어난 70인을 '칠십자'라고 칭한다. 소크라테스는 안티스테네스, 아리스티포스 등 7명, 석가모니는 대가섭, 나후라 등 10명, 예수는 베드로, 요한 등 20명의 제자가 있었다.

새롭게 제시된 사상은 기존 사상의 기득권 계층의 반발을 초래한다. 새로 나타난 사상가를 망상가나 비현실적이라고 무시하거나 심하면 죽임을 당한다. 공자는 춘추전국 시대에 여러 나라에 가서 면접도 많이 보고 취직을 간절히 원했지만 어느 나라에서도 채용이 안 되고 무시당했다. 소크라테스는 대화법으로 유명한데 왜 질문만 하고 자신의 생각을 말하지 않느냐고 비난받다가 선동죄로 죽임을 당했다. 예수는 유대 정통파에 의해 반란죄로 죽었다.

사상가의 죽음은 사람들의 동정심과 그의 사상에 대한 관심을 유발한다. 사상가는 사라졌기 때문에 후대 사람들은 그의 사상을 상상 영역에서 해석한다. 특히 사상가는 자신이 직접 글로 정리해 두지 않았기 때문에 후대의 이론가들이 사상을 다양하게 해석하고 자신의 생각을 덧붙여서 발전시킨다.

후대의 뛰어난 이론가가 체계를 완성한다. 사상을 체계화하고 발전시키는 사람은 고등 교육을 받은 엘리트 계층에서 나온다. 공자의 사상을 정리한 사람은 제자들이다. 소크라테스의 사상은 제자 아리스토텔레스와 플라톤이 체계를 완성했다. 기독교의 신앙 체계를 만든 사람은 유대교 출신 엘리트인 바울이다.

시대가 위대한 사상가의 등장을 원했다. 공자 시대는 춘추시대 말기에 해당한다. 주 왕조가 붕괴되면서 영토는 봉건 영주들에게 넘어가기 시작했고 격변기에 들어섰다. 정치적 안정이 무너지고 도덕이 타락하여 위계질서의 재편을 요구하는 등 혼란스러웠다. 개인의 인품과 지도자의 도덕심을 강조하여 사회 질서를 잡을 필요가 있었다.

석가모니 시대는 갠지스 강 상류에서 자연 숭배를 중심으로 봉건적이고 폐쇄적인 바라문 문화가 확립된 시기이다. 하지만 철기 문명의 유입으로 갠지스 강 중·하류에서 인구 증가, 풍부한 농산물 생산, 상공업과 화폐 경제 발달로 새로운 도시가 형성되면서 신흥 세력들이 등장하며 군주제, 공화제 등으로 바뀌기 시작했다. 이로 인해 사회, 정치, 경제, 사상 등이 급격히 전환되는 혼란의 시대였다. 많은 사람이 계급 문화와 제물을 바쳐 숭배하는 종교에 회의를 느끼고 참된 새로운 것을 기대했다.

소크라테스 시대의 아테네는 그리스 일대의 맹주로서 분담금을 받았으며, 금 등이 많이 생산되어 재정이 풍족했고, 노예노동으로 시민들은 여유가 있었으며 사상과 문화가 발달하였다. 그러나 전반적으로 아테네 민주주의가 부패하던 시기였고, 이로 인한 윤리의 타락이 심한 시대였다. 소크라테스는 악덕은 '무지'에서 기인하며, 덕은 이성적 사고에서 생겨난다고 주장하여 자신의 사상이 자리 잡을 틈을 만들었다.

예수 시대의 이스라엘은 로마의 식민지였다. 유대인들은 이스라엘을 로마에서 해방해 줄 수 있는 메시아를 원했다. 유대인들의 로마에 대한 물리적인 저항은 번번이 좌절되었기 때문에 내세의 구원을 말하는 예수의 가르침은 유대인들의 정신적 해방이었다. 기존 사상인 유대교는 권력과 돈을 추구하여 특권화되었고, 일반 유대인들에게 정신적인 안식처를 제공하지 못했다.

05

식민지는 저항하면서도
종주국을 닮는다

서구 체계가 식민지에 이식되다

서구는 부동산을 많이 갖고 있는 부자이다. 그들은 대항해 시대 이후에 금, 은 등 귀금속을 찾아 미국, 캐나다, 멕시코, 브라질, 호주, 뉴질랜드 등으로 갔다. 넓은 땅에서 먼저 터를 잡고 광물을 캐내고, 곡식을 재배하여 전 세계에 공급했다. 세계를 지배한 세력들은 주변국에 자신의 체계를 심고 지배했다. 지역을 정복하고 지배하기 위해 일직선의 도로로 이루어진 도시를 건설하고 주민들의 행동을 제어하기 위한 법과 규칙을 만들었다. 그들이 처음 갔을 때는 도착한 곳의 아무에게도 허락을 받지 않고 상륙했는데 지금은 비자 제도를 통해 새로운 상륙자를 통제한다. 입국은 이미 만들어진 질서 등의 체계를 인정하거나 기여할 수 있는 사람만이 가능하다. 신대류에서 말뚝 박고 울타리 치고 내 땅이라고 선언한 효과는 여전하다.

인간은 타인으로부터 인정받고 싶어 하는 욕구가 있다. 강한 국가는 인적·물적 자원을 확보하기 위해서 주변국을 침략하지만 다른 나라로부터 인정받고 싶은 욕망도 크다. 자신의 체계를 다른 나라에 전파하거나 강제로 이식하면 자신의 우월성이 입증된다. 상대방을 인정하고 싶지 않아도 전쟁에서 패배한 자는 이긴 자의 체계를 받아들일 수밖에 없다.

유럽과 이슬람은 서로의 체계를 인정하지 않기 때문에 지금도 싸우고 있다. 유럽과 이슬람은 승리한 자가 패자에게 자신의 체계를 강요하는 역사를 되풀이했다. 도시의 종교적인 상징물에서 그 증거를 쉽게 찾아 볼 수 있다. 터키 이스탄불의 성소피아 성당은 동로마 제국 때 성당으로 지어졌는데 동로마 제국이 이슬람 세력에 멸망한 뒤 모스크로 바뀌었다가 1935년에 박물관으로 개장하여 종교적 행위를 일절 금지했다. 스페인의 톨레도 대성당도 이슬람 왕국 시절에는 모스크로 사용되다가 1086년 가톨릭 성당으로 개조되었다. 이슬람 국가인 인도네시아의 자카르타에는 대형 이슬람 사원이 있는 곳 바로 앞에 가톨릭 성당이 있다. 양 종교가 더 이상 싸우지 않고 평화롭게 공존하기를 바라는 의미이다. 한쪽이 압도적으로 우세할 때는 평화가 가능하지만 대등하면 분쟁이 생긴다.

서구는 14~16세기의 르네상스와 15~17세기 중엽의 대항해 시대를 거치면서 총·세균·쇠로 다른 지역을 식민지화했다. 서구는 식민지를 무역·금융 네트워크에 편입했고 서구 사상을 전파했다. 선교사는 사상의 전파를 위해 중요한 역할을 했다. 1549년 포르투갈에서 식민 총독이 브라질에 파견된 이후 예수회의 신부들이 브라질을 위해 종자, 가축, 약품, 책 등과 함께 종교 사상을 가져왔다. 호주에도 영국에서 파견된 선교사가 내륙으로 들어가면서 선교 활동을 했는데 원주민 자녀를 한장소에 모아서 숙식하면서 교육을 시키기도 했다. 식민지는 저항하면서도 종주국을 닮아 갔다.

유럽의 각국을 가면 구시가의 구조는 항상 동일하다. 대부분의 도시는 발전하면서 신시가가 생기고 구시가는 박물관으로 전환되었는데, 구시가의 한가운데에는 성당이 있고 큰 광장과 그것을 둘러싸고 있는 시청, 광장, 상가 등이 있다. 로마 제국의 도시 모습을 지중해 건너 반대편의 이스라엘과 요르단에서도 볼 수 있듯이 유럽의 도시 모습을 남미의 브라질, 아르헨티나 등에서도 찾을 수 있다. 스페인과 포르투갈 식민지를 겪으면서 유럽식 도시 체계가 이식된 것이다. 상파울루에서 리우데자네이루(이하 리우)에 가는 길에 파라치(Paraty)란 항구 도시가 있다. 과거 포르투갈 식민지 시대에 금, 다이아몬드 등을 포르투갈로 반출해 간 곳이다. 시내는 작은데 유럽의 한 소도시에 와 있는 것 같다. 아직도 당시에 만들어진 도로 체계가 쓰인다.

파라치의 거리

북동부의 해변 도시 주앙 페소아(João Pessoa)는 지금은 브라질 땅이지만 한때는 네덜란드가 점령했다. 네덜란드는 도로, 시청, 다리, 성당, 호텔 등을 지으면서 네덜란드식 도시 체계를 이식했다. 당시에 네덜란드 사람들이 만든 인프라나 제품은 품질이 좋아서 지금도 이 지방에서는 '네덜란드제(Dutch Made)'라고 하면 '좋은 제품'을 의미한다. 지금도 네덜란드 관광객은 이곳에서 선조들의 모험을 건 활동의 결과를 보고 자부심을 느끼고 떠난다.

　참고로 서구에서 말하는 식민지의 의미는 우리와 다르다. 서구의 식민지에 대한 개념은 유럽인들이 바다를 건너서 원주민을 무시하면서 새로운 빈 땅에 유럽식의 물리적·관념적 체계를 건설한 것을 의미한다. 유럽인들이 미국, 호주, 캐나다, 브라질 등을 식민지화한 역사이다. 식민지의 국민들이 식민종주국의 체계를 거부감이 적은 이유이다.

　우리가 서구인들에게 과거에 일본으로부터 식민 지배를 당했다고 하면, 우리의 역사를 잘 모르는 사람들은 한반도에 적은 수의 원주민이 살았는데 많은 일본인이 한반도에 건너가서 도시를 만들어 살기 시작했느냐고 질문한다. 서구적인 관점에서 보면 일본이 한국을 식민지화한 것이 아니라 무력으로 강점한 것이다. 서구인들의 일본인에 대한 평가가 우호적인 경우에 우리가 일본에게 식민 지배를 당했다고 하면 우리의 치 떨리는 감정이 그들에게 잘 전달되지 않을 수 있다.

서구 체계의 영향력은 여전히 크다

제1차 세계대전에서 오스만투르크가 멸망한 후 중동 세력은 국제 정치에서 주도권을 잃었다. 제2차 세계대전의 승전국인 미국, 중국, 러시아, 영국, 프랑스는 국제 정치와 경제를 주도했다. 공산주의를 채택했던 중국과 러시아는 나중에 마음을 바꾸어서 민주주의와 자본주의의 서구 체계를 도입했다. 서구는 민주주의와 자본주의가 인류의 이상적인 제도라고 자부한다.

서양에서 시작된 산업혁명과 자연과학의 발달은 이후에 근대화를 추진한 모든 나라를 서구와 닮게 만들었다. 후발국은 서구 선진국이 했던 것처럼 중앙 집권과 관료주의의 국가 조직을 만들고, 국민을 통합하고, 서구 지식을 가르치는 교육 제도를 도입하며, 도시화를 위해 유휴 농촌 인력을 도시로 흡수하며, 산업 육성과 자본 축적을 했다. 정치적으로도 후발국의 산업화의 성공은 중산 계급 사회를 낳고, 중산 계층은 정치 참여와 평등한 권리를 요구하면서 자유민주주의의 정치 체계를 도입했다. 서구 선진국이 먼저 갔던 길이다.

후발국에 공장이 만들어지는 과정에서도 서구식 관리 체계가 도입됐다. 현대의 공장은 복잡한 공정을 여러 단계로 단순하게 쪼개서 제품을 생산한다. 공장은 서구에서 효율성을 이미 입증된 분업과 노동의 조직화, 이에 따른 서구식 조직 관리와 사고방식까지 채택한다. 산업의 발전도 시차를 두고 선진국을 따라간다. 후진국은 선진국이 앞서간 대량 소비 사회, 정보화 시대 등을 따라갈 뿐만 아니라 근대화에 따른 부작용을 호소하는 운동인 1960년대 히피 운동, 환경 보호 운동 등과 같은 현상도 일정 시간이 지나면 후발국에서 일어난다. 지금 세계의 어느 나라를 가더라도 신산업 분야에서 청년의 창업을 돕는 '실리콘 밸리'가 있다.

동양의 중국과 일본도 서구를 따라잡기 위해 서양으로부터 배운다. 중국은 유럽이나 이슬람 세력과는 독자적인 세력이었지만 근내에 들어와서는 서구와 일본에 무너지면서 서구 체계를 받아들이고 있다. 중국은 2001년에 WTO에 가입하면서 서구 경제 체계의 일원이 되었다. 일본은 이미 오래전에 메이지유신 이후 네덜란드를 비롯한 서구 체계를 자발적으로 받아들였다.

시구 체계가 주류이자 국제 기준(글로빌 스탠더드)이고, 그렇지 않으면 비주류이다. 비주류는 국제적으로 인정받지 못한다. 브라질에서 시작한 남미의 대표적 사상인 해방신학은 비주류이다. 로마 가톨릭은 그리스도의 복음을 사회·정치적으로 이해하는 해방신학을 전통교리를 위협하는 반기독교 사상으로 여겼다. 로마교황청의 결정으로 브라질에서는 1980년에 진보적인 주교들이 보수적인 주교들로 교체되었다. 해방신학은 1960년대 라틴 아메리카에서 가톨릭 신학자들이 주도했다. 사회적 약자의 입장에서 교리를 해석했다. 교회가 사회적, 정치적, 경제적 불평등과 부조리로부터 이들을 해방시키는데 적극 나서야 한다고 주장했다. 비참한 생활과 가난, 불의의 상황에 있는 사람들에게 복음을 전한다는 것은 의미가 없고, 사회 구조가 가난을 만들었다고 본다. 해방신학자들은 하나님은 어려운 사람들에 현존한다고 역설하면서 사회 변혁에 투신했다. 하나님에 대한 체험과 하나님의 현존을 성서나 전례, 성사(聖事) 등에서만 찾으려고 했던 교회를 비판했다.

서구에서 후발국에게 국제 기준을 채택하라고 요구하는 것도 결국은 서구의 법, 제도, 관습 등 서구의 기준을 따르라는 것이다. 전 세계적으로 서구 기준이 주류인 가운데 사람들의 인식도 서구 편향적으로 된다. '세계에서 가장 살기 좋은 도시'에 대한 평가가 그 예이다. 한 컨설팅 업체가 2016년에 발표한 순위를 보면 빈, 취리히, 오클랜드, 뮌헨, 밴쿠버, 뒤셀도르프, 프랑크푸르트, 제네바, 코펜하겐, 시드니 등 상위 10개국 모두가 유럽계 국가이다. 반면에 중동과 아프리카 국가들은 하위권이다. 아시아 국가 중에서는 싱가포르 26위, 서울은 73위이다.

서구는 동양보다 먼저 더 활발하게 다른 나라에 진출하여 먼저 자신들의 체계를 구축했고 동양은 이를 따라가는 입장이다. 어쨌든 체계의 관점에서 지금도 서구를 무시할 수 없는 이유는 식민지 시대에 그들은 다른 나라를 침략하기 위해 정보를 파악하고 분석하여 계획을 세우고, 군인과 물자를 동원·실행하고, 현지인의 반발을 제압하며 우군으로 만드는 과정을 경험했고, 그렇게 만들어진 식민지 체계가 아직도 전 세계에 심겨 있기 때문이다.

육식동물 서양 vs 채식동물 동양

2015년 7월, 브라질 상파울루의 EXPO 전시장에서는 일본의 브라질 이민 120주년을 기념하는 '일본 문화 축제'가 열렸다. 행사장에는 일본의 기업, 문화, 음식, 역사 등이 다양하게 전시되었다. 그런데 동서양의 차이를 알 수 있었던 행사가 야외 공연장에서 있었다. 일본은 가부키 공연을 했다. 20명의 남녀가 부드럽고 느린 박자의 춤을 추었다. 일본 공연이 끝나자

삼바 공연

마자 브라질의 삼바 공연팀이 무대에 올라왔다. 5명의 남자가 쩌렁쩌렁한 목소리로 노래를 부르기 시작하자 바로 앞에서 8명의 무희들이 빠르고 강한 박자에 맞추어 현란한 춤을 추었다. 가부키 팀이 '부드러움', '느림', '담백', '온순'이라면 삼바는 '강렬', '화려', '빠름', '탄력'이었다.

서양인은 육식 동물이다. 서양인은 매 끼니 고기를 먹는다. 아침에는 베이컨, 소시지, 햄을 먹는다. 점심의 각종 햄버거와 샌드위치의 패드에는 소고기, 닭고기가 들어간다. 저녁은 다양한 고기 요리를 전채로 먹고 마지막으로 두툼한 스테이크를 먹는다. 브라질에서는 슈하스코라는 스테이크가 유명하다. 소의 각종 부위를 조금씩 먹는 것인데 사람들이 먹는 양은 엄청나다. 기름진 음식을 먹기 때문에 영양의 균형을 위해 채소는 삶거나 데치지 않고 생으로 먹는다. 해산물은 연어, 참치 정도에 불과하다.

사자, 호랑이, 늑대 등 육식 동물은 움직이는 먹이를 제압해서 잡아먹는다. 이들은 덩치가 크고, 힘이 있고, 빠르고, 공격적이며 몸이 매우 탄력적

국가별 연간 1인당 육류 소비량

순위	국가	소비량(kg)
1	미국	89.7
2	*스페인	89.7
3	아르헨티나	85.4
4	*포르투갈	84.5
5	이스라엘	84.2
6	*독일	82.7
7	*프랑스	79.8
8	*네덜란드	77.9
9	브라질	77.6
10	*이탈리아	77.5
11	*영국	75.5
13	*러시아	70.1
17	한국	51.4
세계 평균		32.3
OECD		63.4

＊자료원 : OECD 2014년 통계, *는 2013년 FAO(Food Agriculture Org, UN)

이다. 육식하는 서구인의 체구도 크고 힘이 세다. 서구인들은 고기에서 섭취한 칼로리 발산을 위해 땀 흘리며 뛰어야 한다.

서양인들은 테니스, 럭비, 레슬링, 복싱, 격투기 등을 좋아하고 보면서 흥분한다. 테니스처럼 시간제한 없이 온힘을 다하여 공을 치고받으며 한 사람이 나가떨어질 때까지 난타전을 벌이거나 럭비처럼 상대방과 몸을 심하게 부딪치면서 하는 격렬한 운동을 좋아한다.

동양인은 채식 동물이다. 식물을 먹고사는 토끼, 양, 사슴, 소, 코끼리 등은 움직이지 않는 풀이나 나뭇잎을 찾아서 먹는다. 예외적으로 소, 코끼리는 덩치가 크긴 하지만 공격적이지는 않다. 채식만 하는 불교 승려를 보면 보통사람보다 기운이 약해 보인다.

한국인의 육류 소비는 증가하고 그에 따라서 커피 소비량도 증가하지만 아직까지는 생선, 채소를 많이 먹는다. 채소는 날로 먹지 않고 데치거나 삶아서 먹는다. 우리의 식문화는 냄비에 물을 넣고 야채와 고기 또는 생선을 혼합하여 끓인 '혼합식 찌개 문화'가 특징이다. 이러한 식생활 때문에 우리 선조들이 좋아했던 스포츠도 차전놀이, 몸을 부딪쳐도 상대방을 때리지는 않고 자빠뜨리기만 하면 되는 씨름 등 온순한 것이었다.

동양인은 농사를 지으면서 한곳에서 계획을 세워서 씨를 뿌리고, 경작하고, 수확하고, 보관하는 방식으로 하나하나 자신들의 노력으로 생산물을 얻었다. 농사를 짓는 데 공격적인 성향은 필요 없었다. 농사는 장소가 일정하기 때문에 환경의 불확실성이 적다. 가뭄이나 홍수가 나지 않기를 바라면서 계획에 따라 씨를 뿌리고 경작하고, 수확하면 된다. 농작물을 섭취하고 육식이 많지 않았기 때문에 피를 볼 일도 적었다. 일본인들은 근대화 이전까지는 육식을 하지 않았는데 이것이 일본인들의 순종적인 성격의 한 원인이라고 주장하는 학자도 있다.

서양인이 동양을 지배할 수 있었던 것은 공격적 성향 때문이다. 서양인은 과거 소, 양 등을 방목하면서 움직이는 동물을 다루어 왔다. 사람을 공격하거나 저항하는 동물의 움직임에 따라서 사람도 같이 활발하게 대응해야 동물을 제압할 수 있었다. 고기를 얻기 위해 도착하는 과정에서 피를 보는 것이 자연스러웠다.

여러 나라가 붙어 있는 유럽은 전쟁이 끊임없이 일어난 곳이다. 식생활과 주변 환경이 그들을 공격적으로 만들었다. 서양인의 공격성은 미국, 호주, 남미 등의 신대륙으로 건너가서 원주민이나 노예를 통해서 이미 만들어진 농작물을 빼앗거나 땅속의 광물을 파내서 모국으로 가져갔다. 미국, 영국, 프랑스, 스페인 등은 끝임 없이 다른 나라를 공격했다. 국가별 육류 소비량을 보더라도 과거에 식민지를 개척했거나 지금도 전쟁을 치르는 국가에서 고기를 많이 먹는다. 아르헨티나와 브라질은 넓은 초원에서 소를 많이 키운다. 인구보다 소가 많아서 육식이 생활화되어 있다.

전쟁은 일어나지 않지만 브라질 사람들이 UFC 격투기를 보면서 흥분하는 모습이나 브라질 대도시에서 벌어지는 사건·사고의 희생자 수를 보면 육식 동물의 공격성이 보인다. 브라질 공공치안포럼(FBSP)에서 발표한 자료에 따르면 2016년 브라질에서 살해된 사람은 6만 1,619명으로 1945년 일본 나가사키 지역 원자폭탄으로 죽은 피해자 수와 비슷하다.

식민종주국의 영향력에서 벗어나지 못하다

한 국가의 국력은 영토, 인구, 경제력 등으로 측정된다. 그런데 영토에는 현재뿐만 아니라 과거 식민지도 포함되어야 한다. 식민지에는 종주국의 체계가 그대로 남아 있기 때문이다. 식민종주국이 식민지에 축적해 놓은 체계의 영향력은 계속된다. 1960년부터 독립 시대가 열린 아프리카를 보면, 독립 후에도 대부분의 지도자들이 식민모국의 정치적·경제적 체계를 그내로 유지했다. 신생독립국이 국가 운영의 경험을 배울 나라는 종주국이고, 경제 개발을 위한 자금도 종주국에 의존할 수밖에 없기 때문이다.

아프리카의 국가들은 독립된 후에도 지도자부터 종주국의 영향력에서 벗어날 수 없었다. 지도자들은 종주국에서 산 적이 있거나 공부했고, 종주국의 문화를 좋아하거나 기독교를 믿었고, 종주국의 군대를 위해 싸웠고, 백인 여성과 결혼한 것 중에서 적어도 한두 가지는 해당된다. 지도자는 국민의 반식민지 저항의식을 이용해서 정권을 잡았지만 종주국이 자신의 나라보다 앞선 것을 누구보다도 더 잘 알고 있었다.

가나의 은크루마는 가톨릭 신자였고 한때 예수회 수사가 되기를 원했다. 클래식을 좋아했고, 영국 총독의 비서였던 영국 여성과 결혼했다.

우간다의 이디 아민은 영국군 장교로 근무했다. 스스로 '대영제국의 정복자', '스코틀랜드 국왕의 진정한 후계자', '영국연방의 수반' 등으로 불렀다.

케냐의 조모 케냐타는 스코틀랜드 선교회가 운영하는 학교에서 공부했다. 영국에 건너가서 런던경제대학에서 공부했고 향토의용군에 자원했으며 영국 여성과 결혼했다.

벨기에에 대항하여 강력한 독립운동을 이끌었으며, 벨기에에 의해 암살된 콩고의 파트리스 루뭄바는 워싱턴 방문 중에 '금발의 백인 여자'를 접대부로 요청했다.

짐바브웨의 로버트 무가베는 선교학교에서 교육받았다.

세네갈의 레오폴 상고르는 철저한 프랑스 지지자였다. 가톨릭 선교사로부터 배웠고, 세네갈의 문화 발전을 위해 프랑스를 배우자고 주장했다. 프랑스에서 유학하면서 교사 자격증을 획득했고 프랑스 군대에서도 1년 근무했다. 세네갈의 경제가 허약한 상황에서의 독립은 가짜라고 주장했으며, 프랑스에서 불멸의 지성 40명 중 한 사람으로 선정되었다. 은퇴 후 프랑스에서 살다가 죽었다.

코트디부아르의 우푸에부아니는 갑부 출신이자 코코아 농장주였는데 수도 아비장에서 프랑스 정부의 각료로 일했다. 그는 프랑스 드골의 지지자였다. 대통령궁은 화려한 서구식이었으며 프랑스의 영향력은 식민지 시대보다 더 강력했다.

중앙아프리카의 장베델 보카사는 프랑스 군대에 입대하여 제2차 세계대전과 인도차이나 전쟁에서 용맹을 떨쳐서 레지옹 도뇌르 등 12건의 훈장을 받았다. 대위로 진급하면서 프랑스 군대를 떠나 중앙아프리카 군대의 창설에 참여했다. 드골을 아버지라고 불렀으며, 자기 인생 최고의 순간은 드골한테 직접 훈장을 받을 때였다고 말했다. 지스카르 데스탱 대통령과도 친분이 두터웠다. 모차르트와 베토벤의 음악이 흐르는 가운데 대관식을 통해 황제에 등극했다.

탄자니아의 줄리어스 니에레레는 대통령이 되지 않았으면 교회 설교자(목사)가 되었을 것이라고 말했다. 셰익스피어의 소설을 스와힐리어로 번역했다.

우리나라도 해방 후에 정권을 잡은 사람은 미국에 살아서 영어를 잘한 이승만이었다. 박정희 대통령도 일제강점기 일본의 만주군 장교 출신이다.

서구에 대한 표상은 긍정적이다

'표상'이란 눈앞에서 보듯이 마음속으로 생각하고 상상하는 일이다. 사고와 지각으로 형성되는데 관념, 심상과 비슷하나. 예를 들면 우리는 빛을 보고서야 태양을 인식할 수 있다. 사람들은 태양이라는 객관적 실체에 대해서 각자 시간, 공간 등에 바탕을 두고 자기만의 태양이라는 주관적 표상을 갖는다.

한국인의 서구에 대한 표상은 긍정적이다. 우리가 근대화를 위해 서구를 배우면서 생긴 일이다. 대항해 시대와 산업혁명을 거치면서 서구에서 탄생한 수많은 탐험가, 과학자, 철학자, 기독교 성인들은 우리에게 위대한 인간으로 알려졌다. 우리는 서구의 민주주의, 자본주의, 종교를 받아들이면서 가치관도 서구식으로 변했다.

통계적으로도 나타나는데 BBC 월드서비스와 글로브스캔이 주관하고 동아시아연구원이 한국의 연구 파트너로 참여한 「2014 Global Poll」 프로젝트에 따르면 한국인은 서방 국가에 대해 높은 호감을 갖고 있다. 한국인의 인식은 세계인들이 우호적으로 생각하는 국가와 일치한다. 한국인은 독일, 캐나다, 영국, 프랑스, EU, 미국 등에 우호감이 매우 높은 것으로 나타났다. 그 이유는 이들 국가가 1인당 GDP가 높은 잘 사는 나라이고, 한국전쟁에 연합군으로 참전했거나, 전후복구를 지원한 요인 등으로 보인다.

극화와 미화는 우리가 서구에 대해 가지고 있는 좋은 인식을 높인다. 극화란 사실을 과장하거나 장기간에 일어난 여러 사건을 기승전결의 짧은 이야기로 구성한 것이다. 서구 위인은 극화된 이야기로 포장된다. 우리는 서구의 위인을 책이나 영화를 통해서 간접적으로 접한다. 이들 매체는 한

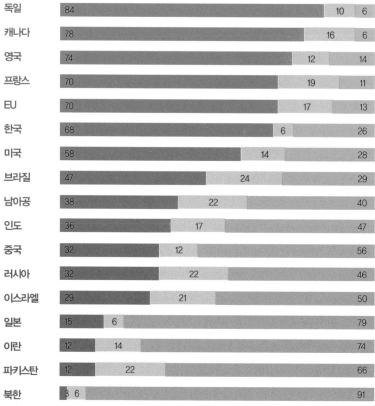

2014년 한국인의 주요 17개국 평가 ■ 긍정 ■ 모름 유보 ■ 부정

국가	긍정	모름 유보	부정
독일	84	10	6
캐나다	78	16	6
영국	74	12	14
프랑스	70	19	11
EU	70	17	13
한국	68	6	26
미국	58	14	28
브라질	47	24	29
남아공	38	22	40
인도	36	17	47
중국	32	12	56
러시아	32	22	46
이스라엘	29	21	50
일본	15	6	79
이란	12	14	74
파키스탄	12	22	66
북한	3 6		91

*자료 : BBC World Service / Globe Scan / EAI 공동 2014년 24개국 Global Poll 국제 조사

정된 분량이나 시간으로 사람들의 흥미를 끌면서 모든 내용을 보여 주어
야 하기 때문에 극화가 들어간다. 우리는 서구와 지리적으로 떨어져 있어
서 서구에서 벌어지는 사건들을 체험할 수 없고, 주로 이미 과거가 되어버
린 사건을 매체를 보고 듣는다. 우리의 표상에는 상상력까지 더해지게 된
다. 우리가 감동받고 싶어 하는 마음도 극화와 과장을 쉽게 받아들이게

하는 요소이다.

미화는 잘한 것은 과장하고 불리한 것은 감추는 것이다. 모든 나라는 자기 역사를 미화하는데 잘한 점은 과장하고 잘못은 외면한다. 지금 생각할 수 없는 기적은 과거에도 일어날 수 없기 때문에 초월적인 힘을 발휘한 영웅은 만들어진 것이다. 우리가 서구 위인의 생가를 직접 보았을 때 생각보다 키가 작거나 쓰던 물건이 평범하여 실망감을 느꼈다면 우리의 표상에 무언가 과도한 상상이 들어갔기 때문이다.

브라질은 전 세계에서 브라질에서의 노예 제도가 가장 험했다는 미국학자의 지적을 인정하지 않는다. 터키는 쿠르드족 수백만 명의 학살을 인정하지 않는다. 호주는 타스마니아 섬의 원주민을 사냥하듯 학살한 것을 감춘다. 이스라엘은 팔레스타인에 대한 공습으로 어린이가 죽은 것을 보도하지 않는다. 미국은 9.11테러로 자국민이 죽은 것은 기억하지만 이라크 등에서 미군의 공격으로 민간인이 죽은 것은 외면한다.

서구에 대한 긍정적 인식은 방문 욕구로 나타난다. 전 세계 관광객이 가장 많이 방문하는 10개국은 프랑스, 미국, 스페인, 터키, 독일, 영국, 멕시코, 이탈리아, 오스트리아, 그리스이다. 터키와 멕시코를 제외하면 미국을 포함한 서구가 8개국이나 된다. 또한 몽블랑 펜, 벤츠, 아이폰, 루이비통 핸드백 등 서구의 유명 제품을 갖고 싶거나 그들의 예술 작품을 높이 평가한다. 서구인을 닮고 싶은 욕구도 갖고 있다. 우리가 미인이라고 인식하는 유명인들은 서구인처럼 얼굴이 긴 사람이다. 한 조사에 따르면 전 세계에서 가장 많이 성형을 하는 나라는 한국이다. 한국인의 성형은 서구인들처럼 눈을 크게 하거나, 코를 높이고 얼굴을 작아 보이게 하는 등 얼굴에 집중되어 있다. 얼굴보다는 엉덩이와 가슴의 성형을 가장 많이 하는 브라질과 다르다. 브라질에서는 21~32세 여성의 엉덩이 미인 대회(Miss Bumbum Brasil)가 있을 정도로 둥글고 탄력 있는 엉덩이를 가진 여성이 매력적으로 인식된다.

미국에 대한 우리의 긍정적 표상은 절대적이다. 지금의 50대 이상 한국인들이 초등학교를 다니던 1970년대 중반에는 흑백 TV조차도 신기해하고 많이 보급되지 않았다. 그들은 당시 학교 선생님으로부터 미국에는 컬러 TV가 있고, 1969년에 미국의 아폴로 우주선이 달에 착륙했다는 말을 들으며, 자연스레 미국을 이상적인 나라의 표상으로 인식하게 되었다. 지금 우리가 미국에 대해 갖고 있는 과도한 표상은, 과거에 중국이 우리 체계에 깊숙이 들어와 있었을 때 우리가 극화와 미화된 사실로 중국을 높게 생각했던 것과 같다.

제2장

브라질은
어떤 나라인가?

여기에서는 브라질 체계의 축적 과정과 특징을 살펴보기로 한다. 브라질은 유럽, 아프리카, 아시아 등 여러 체계가 이식되어 다양하고 광대한 특징의 체계가 만들어졌다. 포르투갈의 체계가 이식되면서 브라질이 시작되었고, 이후 스페인·네덜란드·영국·이탈리아·독일·시리아·일본 등에서 이민자들이 왔다. 아프리카 노예들도 왔다. 브라질은 한 나라에 여러 나라가 있는 것 같다. 대국적 기질은 브라질의 전통이다. 정치적, 경제적, 사회적인 양극화는 브라질이 극복해야 할 문제이다. 결국은 국가와 사회에서 비용을 부담해야 한다.

01

포르투갈 체계가
이식되다

브라질의 역사

브라질의 역사는 크게 식민지 시대, 제정 시대, 공화정 시대로 나뉜다. 1500년에 포르투갈인 페드로 알바레스 카브랄이 브라질을 발견한 이후 포르투갈 식민지가 되었다. 1808년에 포르투갈 왕가는 나폴레옹에 쫓겨 브라질로 이주했다. 1822년 9월에 포르투갈로부터 독립한 브라질은 제정 시대를 거쳐 1889년 공화제로 전환됐다. 이후 브라질은 상파울루와 미나스제라이스 주의 세력 다툼 등을 비롯한 정치적 혼란기를 지나 1946년에 새로운 헌법이 제정되었고, 1950년에 브라질 최초의 민주 선거로 대통령을 선출했다.

왕정에서 공화정으로 전환된 1889~1930년을 구공화제 시대라고 부른

브라질의 역사

식민지 시대 (1500~1822년)	1500년-포르투갈인 페드로 알바레스 카브랄이 브라질 발견 1530년-포르투갈 식민지 시작 1808년-포르투갈 왕가 브라질로 이주
제정 시대 (1822~1889년)	1822년-포르투갈에서 독립 1831~40년-섭정 통치 시대 1840년-돔 페드루 2세 황제 등극
공화정 시대 (1889년~현재)	1889년-브라질 공화국 선언, 구공화국 탄생 1930~64년-바르가스 대통령 시대 1964~85년-군정 시대 1985~현재-신공화국 탄생 *룰라(2003~2010년)-지우마(2011~2016년)-테메르(2016~현재)

다. 당시에는 여성과 문맹자는 투표권이 없었고, 비밀투표도 아니어서 실질적으로 투표권이나 정치적 영향력은 커피 자본가, 대농장주 등 돈이나 땅이 많은 지역 토호인 코로넬스(Coronels)에게 있었다. 이들 지방 세력은 중앙 정부보다 경제력과 군사력이 우세하여 중앙 정치를 좌우했다. 상파울루와 미나스제라이스 2개 주의 코로넬스가 정권을 번갈아 장악했다.

1930~1945년은 바르가스 대통령의 독재 시대이다. 바르가스 대통령은 1951~1954년에도 한 번 더 재임했다. 1929년 세계 대공황으로 커피 자본가들이 타격을 받자 브라질 남부의 리우그란데두술 주의 목축과 공업 자본을 대표하는 바르가스가 1930년에 쿠데타를 일으켜 코로넬스 시대를 종식시켰다. 독재 시대에 바르가스 대통령은 석유화학, 철강, 금융 분야의 산업 등에서 수입 대체를 위한 자국 산업을 육성했다. 오늘날 세계적인 기

업으로 성장한 페트로브라스(Petrobras, 석유), 발레(Vale, 광물), 브라질경제사회개발은행(BNDES) 등이 이때 설립되었다. 초·중등 교육을 강화시켰고 남미 최고의 상파울루대학(USP)을 설립하는 등의 교육 개혁을 했다. 노동자 보호, 여성참정권을 도입하여 브라질 근대화에 큰 업적을 남겼다. 문화적으로도 삼바와 카니발을 브라질 문화의 상징으로 발전시켰다. 1950년 브라질 최초의 민주적인 선거를 통해 제툴리우 바르가스는 다시 대통령으로 선출되어 1951년부터 두 번째로 재임하다가 1954년에 경제위기로 인해 군부로부터 사임을 강요받자 자살했다.

1956년에 취임한 주셀리누 쿠비체키(Juscelino Kubitschek) 대통령은 '50년 발전을 5년에'라는 공약을 내걸고 개발 정책을 추진하였다. 1960년에는 내륙의 고이아스 주에 새로운 수도 브라질리아를 건설하여 리우에서 수도를 옮겼다. 그러나 막대한 건설비용이 발생해 인플레이션이 심화되는 등 심각한 재정위기를 겪었다. 시중에서는 '50년 인플레를 5년 만에'라는 농담도 회자되었다. 1964년에 다시 쿠데타가 일어나서 군사 독재가 시작되었다. 공업화, 외국자본 도입, 반공, 친미 등이 정책 기조였다. 군정 시대에는 '브라질의 기적'이라고 할 정도로 경제가 크게 성장했다. 성장하던 경제는 1973년 오일 쇼크 이후에 추락하고 인권침해 등으로 국민의 불만이 쌓여 결국 군부는 1985년에 정권을 민간에 이양했다.

1995년에 취임한 카르도주 대통령은 고질적인 경제불안을 안정시켰고, 메르코수르(남미공동시장)도 발족시켰다. 2003년에는 노동자 출신의 룰라 대통령이 취임했다. 세계 경제의 호조로 브라질산 원자재의 수출이 증가했고, 브라질은 브릭스의 핵심 국가로 칭송받았다. 3연임이 불가하기 때문에 룰라는 지우마를 내세웠고, 2011년에 룰라의 지지에 힘입어 브라질 최초의 여성 대통령인 지우마가 취임했다. 그러나 2016년 경제 악화와 뇌물 스캔들이 터지면서 탄핵되었다.

지우마는 4년의 1기 임기를 마치고 재임에 성공했으나, 2기 중간에 물러났다. 탄핵 사유는 '회계법 위반'이다. 의회 승인 없이 공공예산을 사회 프로그램에 사용했으며 세수를 초과한 방만한 예산 집행 등으로 회계법을 위반했다는 내용이다. 표면상으로는 회계법 위반이 탄핵 사유이지만, 대통령이 소속된 노동당(PT)이 연루된 각종 부정부패 스캔들과 경제 정책 실패 등으로 인한 국민들의 반정부 감정이 근본 원인이다.

지우마의 측근인 룰라 전 대통령 역시 2016년 3월 부패 추문에 휘말려 연행되어 지우마의 입지가 더욱 좁아졌으며, 10년 이상 장기집권 중인 노동당(PT)에 대한 중산층의 반감이 극대화되었다. 현재는 지우마 대통령 시절 부통령이었던 테메르가 지우마의 남은 임기를 수행하고 있다.

유럽의 작은 포르투갈이 브라질을 신민지로 개척한 것은 신기한 일이다. 브라질은 포르투갈에서 사람과 제도를 도입했지만 유럽에서 힘이 약한 포르투갈로부터 큰 도움은 받지는 못했다. 오히려 브라질은 1808년에 나폴레옹의 공격을 우려하여 브라질로 도망쳐 온 포르투갈 왕실의 망명지가 되었다. 나중에는 식민 모국인 포르투갈의 착취적 요구를 거부하기 위해 브라질에 와 있던 황태자가 브라질의 독립을 선언했다. 이후에도 모국 포르투갈은 유럽의 약소국으로 쇠퇴의 길을 걸었고, 현대에 와서도 다른 유럽에 비해 늦은 1970년에 민주화를 이루었으며 유럽에서 최빈국이다.

포르투갈인은 식민지 브라질을 이용하여 단기간에 부를 축적하기 위해 식민지를 개발하기보다는 브라질을 착취하는 데 집중했다. 당시 포르투갈은 브라질에서 확보한 농산물이나 자원의 채취 등에 관한 법률을 만들지 않았다. 이는 포르투갈 사람들이 브라질에서 확보한 자원 등을 본국으로 장벽 없이 가져가기 위해서였다. 당시 브라질에 있는 포르투갈인은 항상 본국으로 귀환할 것을 염두에 두었기 때문에 모국 포르투갈에서 팔 만한 자원의 확보에만 관심이 있었고, 도시를 만드는 등의 개발에는 관심이 없었다. 따라서 포르투갈인은 사전조사나 계획을 통해 프로젝트를 실행하기보다는 브라질 동부 해안을 따라 자연스럽게 마을을 형성하면서 농사를 짓는 데 집중했다. 해안가의 원주민 마을들은 언어는 비슷하기 때문에 포르투갈인은 생활하는 데 의사소통의 문제가 없었다. 내륙 개척에는 신중했는데 필요할 경우 포르투갈 정부의 허가를 받은 사람만이 탐험대를 구성하여 들어갔다. 내륙 탐험은 미나스제라이스 주에서 금광이 발견된 후 활기를 띠었다.

반면에 스페인은 멕시코, 페루 등 식민지에 제국의 영광을 재현하기 위해 그들의 군대, 경제, 정치 등의 시스템을 이식했으며 '작은 스페인'이라 불릴 정도로 남미에 도시를 건설했다. 스페인은 식민지로 개척할 지역에 대한 체계적인 선정 기준도 갖고 있었는데 전염병이 없고, 동식물이 많고, 외부 침입에 대비하여 해안에서 멀고, 고도가 높은 내륙을 선호했다. 도시를 건설할 때도 스페인식으로 관공서가 있는 중앙광장을 중심으로 체계적으로 거리가 뻗어 나가면서 반듯반듯한 격자형의 도로를 만들었다. 식민지에서도 고등 교육이 가능하도록 대학교를 세웠고, 인쇄소를 만들어 책도 인쇄했다.

02

광대한 지역에서
물리적 다양성이 형성되다

브라질은 문화의 다양성이 있는 나라이다. 각 주마다 인종, 문화, 사회의 특징이 뚜렷하다. 예술이나 광고도 상상을 뛰어넘는 파격이 많다. 도시에 있는 건물도 같은 모양이 없이 각양각색이다. 2016년 리우 올림픽 개막 행사에서는 냄새 나고 지저분한 빈민촌 파벨라(Favela)를 예술로 승화시킨 창의성을 보여 주었다.

브라질은 풍요로운 나라이다. 한국과 같이 영토가 작고 천연자원이 없으며 1년에 한 번 농산물을 수확하는 나라들이 볼 때 온화한 기후와 풍부한 천연자원을 갖고 있는 브라질은 풍요롭다. 이같은 좋은 환경을 이용하여 성공한 브라질 사람이 있다면 그도 브라질을 풍요롭다고 생각할 것이다. 그러나 브라질 빈민층에게는 부족한 나라일 수 있다. 룰라는 대통령 선거에서 빈민층에게 "내가 대통령이 되면 하루에 한 끼가 아닌 두 끼를 먹

브라질의 규모

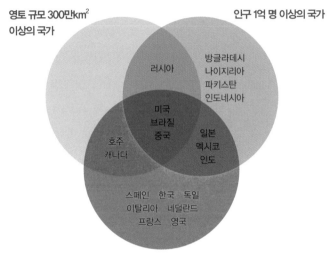

영토 규모 300만km² 이상의 국가

인구 1억 명 이상의 국가

러시아

방글라데시
나이지리아
파키스탄
인도네시아

미국
브라질
중국

호주
캐나다

일본
멕시코
인도

스페인   한국   독일
이탈리아   네덜란드
프랑스   영국

GDP 1조 달러 이상의 국가

게 해 주겠다."고 공약했다. 하지만 객관적으로 분명한 것은 브라질의 생산 잠재력이 수요를 초과하는 한 브라질은 풍요로운 나라이다. 광물은 수요만 있다면 얼마든지 캐낼 수 있고 가도 가도 끝없이 펼쳐지는 녹색 들판에는 수확하면서 버려지거나 운반하면서 흘린 작물들이 널려 있다. 바나나, 망고 등의 과일은 에덴동산처럼 시골 도처에 많다. 식당에서 제공하는 음식의 양은 먹고 나면 항상 남을 만큼 풍족하다. 한국에서 맛없는 것은 참아도 양을 적게 주는 식당에 분노하는 사람이라면 브라질은 최적이다.

브라질은 중국, 러시아, 캐나다와 달리 다양성이 많은 대국이다. 브라질을 크게 3개의 나라, 즉 아프리카 문화권의 북부, 다문화권의 중부, 유럽 문화권의 남부로 나누어야 한다고 농담할 정도이다. 전 세계적으로 영토가 400만km² 이상, 1억 명 이상의 인구, 경제 규모가 1조 달러를 넘는 나라는 미국, 중국, 브라질뿐이다. 브라질의 면적은 852만km²로 세계 5위이고 남한의 85배이다. 남미의 절반을 차지하는 브라질은 아르헨티나, 파라과이, 우루과이, 페루, 콜롬비아, 칠레 등 10개국과 국경을 접하고 있다. 인구는 2억 770만 명이며 GDP는 1조 7,961억 달러이다. 기후는 나라가 커서 열대에서 온대까지 다양하다.

남미는 파나마 운하 이하의 대륙을 의미하는데 브라질, 아르헨티나, 칠레 등 13개국이 있다. 브라질은 남미의 GDP의 50%를 차지한다. 면적은 47.7%, 인구 47.4%는 남미의 절반이다. 브라질은 비옥한 영토에 풍부한 천연자원이 많아서 '신으로부터 축복받은 나라'라고 불린다. 흔하게 보이는 황토색의 흙은 보기에도 광물과 영양이 많아 보인다.

우리는 브라질 사람 하면 펠레같이 생긴 사람이 떠오르겠지만 실제로는 인구수 면에서 주류이자 브라질을 움직이는 사람은 유럽계 백인이다. 브라질에 사는 사람은 백인(47.7%), 흑백혼혈(43.1%), 흑인(7.6%), 동양인·인디오(1.5%)이다. 우리가 학교에서 배우기로는 백인과 원주민의 혼혈을 메스티소, 백인과 흑인을 물라토, 인디오와 흑인을 잠보라고 하는데 오랜 세월 새로운 인종이 계속 생기면서 섞여 왔기에 이 같은 인종의 구분은 의미가 없어졌다. 요즘에는 동양계를 제외한 혼혈을 통칭해서 메스티소라고 부른다.

인종이 계속 섞이다 보니 쌍둥이를 낳아도 한 명은 백인, 다른 한 명은 혼혈이 태어나는 경우도 있다. 부모 중 한 사람이 과거에 백인 또는 흑인 조상이 있는 경우로서 격세유전의 결과이다. 2009년에는 리우에 사는 흑인 부부 사이에서 파란색 눈의 아이가 태어났다. 검은색 눈의 부모 사이에서 파란색 눈의 아이가 태어나자 부모는 병원 측의 실수로 인해 아이가 바

브라질 인종별 인구 비중

백인
약 1억 51만 명
(47.7%)

흑백혼혈
약 9,082만 명
(43.1%)

흑인
약 1,601만 명
(7.6%)

동양인
약 231만 명
(1.1%)

원주민
약 84만 명
(0.4%)

꿰었을 거라고 추측했다. 부모뿐 아니라 형제들도 모두 검은색 눈이어서 파란색 눈의 아이가 태어날 리 없다고 생각했다. 결국 병원에서 DNA 유전자 검사를 실시했고 친자식이 맞다는 결과가 나왔다. 전문가에 따르면 부모 이외 선조의 유전적 특징이 후세대에서 발현될 수 있다고 한다. 인종의 구분이 어려운 사례도 있다. 한 쌍둥이 형제가 있었는데 대학 입시에 한 사람은 백인, 다른 형제는 혼혈이라고 원서에 썼다. 혼혈로 쓴 사람은 가점을 받아서 대학에 입학하고 다른 형제는 떨어져서 사회적으로 큰 이슈가 되기도 했다. 한편 브라질은 남미에서는 유일하게 포르투갈어를 쓴다.

브라질 사람들은 다정다감하고 친절하며 작은 일에도 감사해한다. 브라질에 온 모든 외국인이 그렇게 느낀다. 필자도 다른 나라에서의 경험을 되돌아보면 브라질 사람들은 확실히 다정다감하다. 브라질의 나무는 크고 넉넉하고 잎이 둥근 모습인데 브라질에 사는 사람도 그런 것 같다. 브라질의 유명한 인류학자 세르지우 부아르키 지 올란다는 그의 저서 『브라질의 뿌리』에서 브라질 사람들이 다정다감한 배경을 이렇게 설명했다.

농경사회에서의 가족 모습이 사회에 남아 있다. 농경사회에서 일은 가족 기반의 농사일이 대분이었다. 교육과 취직도 가족 내에서 이루어졌다. 같이 일하는 사람은 혈연 관계가 있는 가족이었고, 가족은 곧 '같이 일하는 사람'이었다. 사람들은 친밀하고, 애정이 넘치고, 솔직하고, 다정다감했다. 한편 브라질이 산업화되고 도시화되면서 농업 이외에 일자리가 생겨났다. 도시에서 사람들은 가족이 아닌 다른 사람들과 어울려 일하게 되었지만 '같이 일하는 사람=가족'이라는 뿌리 깊은 인식이 있다. 상하 관계가 있는 직장에서도 부하 직원들은 상사들에게 거리낌 없이 친밀함을 보인다. 친밀감의 표시도 성보다는 이름을 부른다. 친한 사람을 부를 때는 이름 끝에 inho(작은)를 붙여 애정을 표시한다. 심지어 종교 성인의 이름에도 inho를 붙여 애정을 나타내는데, 이것은 다른 문화권에서는 불경스럽게 보일 수도 있다. 이방인에도 조금만 친해지면 거리낌 없이 친밀감을 표시한다.

브라질의 5대 광역권

브라질은 북부, 북동부, 중서부, 남동부, 남부의 5대 광역권으로 나뉜다.

북부

북부는 아마조나스(Amazonas), 아크레(Acre), 아마파(Amapá), 파라(Pará), 혼도니아(Rondônia), 호라이마(Roraima), 토칸칭스(Tocantins)의 7개 주로 구성되며 국토는 385만km²로서 브라질 전체의 45%를 차지한다. 인구는 1,770만 명으로서 전체의 8.6%를 차지한다. 브라질 GDP의 5.3%를 차지한다.

주요 산업은 농업, 광업(석유/가스 포함), 축산, 관광이다. 이곳에 있는 아마

브라질의 5대 광역권

존의 넓은 삼림은 지구의 허파로 불린다. 브라질에서 가장 낙후된 지역으로 브라질에서 유일하게 '마나우스 자유무역지대'(1968년 설치. 2023년까지 자유무역지대로 지정)로 지정되었고, 이곳에 삼성전자와 LG전자가 입주해 있다.

북부에는 인디언 문화가 저변에 깊게 깔려 있다. 유럽계 이민자들의 정착 등으로 각종 문화가 혼합되었다. 혼혈 인구가 전체 인구의 절반을 차지한다. '나자레 성모의 횃불축제(Círio de Nazaré)'는 파라 주 벨렝 시에서 매년 10월에 열리는 축제이다. 세계에서 가장 규모가 큰 종교집회 중 하나로서 200만 명이 참여하며, 나무로 만들어진 나자레 성모상을 운반하는 행렬이 주요 행사이다. 브라질의 다문화를 대표하는 축제로서 축제 기간 동안 아마존 사람들의 상상력을 재현해 낸 돌고래, 뱀, 새 등 장난감을 판매하기도 한다.

북부 주민 대부분은 가톨릭이며, 아프리카에 뿌리를 둔 토착 종교나 인디언 부족의 종교를 따르는 사람들도 있다. 우림지대로 비가 특정 시간에 매일 오는 만큼 주민들은 약속을 정할 때 특별한 시간 약속 없이 '비'를 기준으로 '비 오기 전 또는 비 온 뒤'로 표현한다.

북동부

북동부는 마라냥(Maranhao), 피아우이(Piaui), 세아라(Ceara), 히우그란지두노르치(Rio Grande do Norte), 페르남부쿠(Pernambuco), 알라고아스(Alagoas), 세르지피(Sergipe), 파라이바(Paraíba), 바이아(Bahia)의 9개 주가 있다. 전 국토 면적의 18%, 총 인구의 27.2%를 차지를 차지한다. 인구 밀도가 높고 빈부 격차가 크다. 해안 지역은 해안선을 따라 전개되는 비옥한 지대이나 내륙은 '세르탕(Sertão)'이라 불리는 반사막 평원이 있다. 열대기후로 사탕수수 및 코코아 등 열대성 작물 재배에 적합하다. 지리적으로는 아메리카 대륙의 가장 오른쪽에 위치하여 북미, 유럽, 아프리카, 아시아로 가기 위한 요충지이다.

과거 포르투갈인들은 유럽이 주도한 아메리카와 아프리카 대륙 간의 삼각무역(유럽은 아메리카에서 생산된 사탕수수·담배를 사는 대신에 아프리카의 노예를 아메리카 대륙에 제공했고, 아프리카는 노예 제공의 대가로 유럽에서 화약·총기·소금 등을 받았다.)을 통해 서아프리카 출신 흑인 노예 약 400만 명을 브라질 항구를 통해 대량 유입시켰고, 대다수는 북동부에 정착했기 때문에 오늘날 북동부 주민 대부분은 흑인 및 흑인혼혈이다.

이곳은 포르투갈 문화와 아프리카 노예 문화의 혼합이다. 북동부의 카니발은 270만 명이 운집하는 지구상에서 가장 큰 축제로 기네스북에 오른 적이 있다. 일반 카니발과 다르게 토속 인형들을 앞세운 거리 퍼레이드가 유명한데 유럽 전통 카니발에 아프리카 문화, 인디언 풍습이 혼합된 축제이다.

19세기 초에 바이아 주에서는 아프리카의 민속 종교인 칸돔블레(Candonble)가 전파되기 시작했는데 현재 브라질 고유의 형태로 변형되었다. 기득권층은 1888년 노예 해방 이후 흑인 간의 단합을 막고자 가톨릭을 국교로 지정하여 칸돔블레를 저지하고자 했다. 이에 흑인들은 칸돔블레를 가톨릭에 씌워 가톨릭을 믿는 척하며 본래 신인 오리샤(Orixas)를 숭배했다. 오리샤에는 건강과 병의 신, 바다의 여신, 사랑과 죽음의 여신 등이 있다.

오늘날에는 칸돔블레와 가톨릭 간 종교 혼합이 발생하여 독특한 형태로 발전했다. 칸돔블레는 북동부에서 아프리카 문화를 보여 준다. 흑인 노예들은 사탕수수밭에서 강제 노역했는데, 이곳에서 시작된 사탕수수 원액을 발효시켜 만든 40도의 증류주 카샤사(Cachaça)는 브라질 전통주로 자리매김했다. 이 지역 사람들은 와인이나 맥주보다 카샤사를 즐겨 마신다.

북동부의 한 주로서 남미 대륙의 가장 오른쪽에 있는 히우그란지두노르치 주는 바람 잘 날이 없다. 식민지 개척 시대에는 서유럽과 가깝다는 지정학적 특성 때문에 네덜란드, 프랑스 등의 열강이 포르투갈이 차지한 이곳을 빼앗기 위해 각축을 벌였다. 지금은 사방에서 불어오는 바람을 이용하여 전기를 만드는 풍력단지 건설이 한창이다. 전력은 많이 생산하는데 이를 쓸 만한 마땅한 제조업이 없어서 풍력으로 발전한 3GW 중 1.8GW는 다른 주에 판다.

히우그란지두노르치의 주도인 나타우(Natal)에는 사탕수수 재배를 위해 데려왔던 아프리카 노예와 인디오 원주민이 많다. 가구당 월 소득은 260달러에 불과한 낙후된 브라질 북동부 지역의 전형이다. 포장도로가 적어서 붉은 흙 때문에 도로와 나무는 붉게 물들었다. 이곳은 브라질의 다른 도시와 문화가 확연히 달라서 상파울루에서는 흔한 카페를 찾기 어렵다.

중서부

중서부는 브라질리아 연방특구(Brasília), 고이아스(Goiás), 마투그로수(Mato Grosso), 마투그로수두술(Mato Grosso do Sul)의 4개 주가 있다. 수도인 브라질리아가 위치한다. 전 국토의 19%, 인구의 7.5%를 차지한다. 농업, 축산업이 주요 산업이다. 브라질의 한가운데에 있는 지리적 이점 때문에 물류 센터로 육성하려는 계획이 많다.

드넓은 평원에 위치한 계획도시 브라질리아와 세계 최대 열대 습지인

마투그로수에서 대두를 수확하는 모습

판타날(Pantanal)이 대표적이다. 브라질에서 소가 가장 많은 지역이기도 하다. 2016년 기준 마투그로수 주에는 총 1,967만 마리의 소가 있는데 인구 334만 명보다 많다. 통일교는 1995년 마투그로수두술 주 판타날 자르딘에 250ha(75만 평)의 땅을 매입해 새소망농장을 만들었다. 여러 나라에서 파송 온 청장년들이 만지오카, 오렌지, 사탕수수, 아보카도 등을 재배하고 있다.

한편 성령축제에서 카발랴다(Cavalhada)라는 민속극이 공연되는데, 중세 마상경기를 재현한 것으로 이슬람에 대한 기독교의 승리를 상징적으로 나타낸다. 대부분 가톨릭이며, 토속 종교를 믿는 사람도 적지 않다. 판타날 지역 이외에는 기후가 건조하여 자연적으로 불이 나는 일이 다반사다.

남동부

남동부는 상파울루(São Paulo), 리우데자네이루(Rio de Janeiro), 미나스제라이스(Minas Gerais), 에스피리토산토(Espírito Santo)의 4개 주가 있다. 전 국토 면적의 11%, 인구의 42%, GDP의 50%를 차지하는 핵심 경제 지역이다. 이 지역과 남부 지역을 포함하면 브라질 경제력의 70%를 차지한다. 국내외 기업들이 이곳에 밀집되어 있어 국내에서 생산하는 전력의 85%가 이곳에서 소비된다. 교육, 보건, 위생, IT의 수준이 높지만 교통 체증, 치안 부재, 높은 물가 등이 단점이다.

유럽, 아프리카, 중동, 아시아 등에서 온 이민자의 다양한 커뮤니티가 형성되어 있다. 일본계는 본토 이외에 가장 큰 일본인 커뮤니티를 형성하고 있으며, 레바논계 인구도 레바논의 인구보다 많다. 브라질 1, 2위 도시인 상파울루와 리우가 위치한 남동부는 주마다 특성이 크게 차이가 난다. 리우는 세계적인 미항과 여유로운 사람들, 상파울루는 빽빽하게 들어선 고층

상파울루 주의 중산층 마을

건물 숲과 바쁜 도시 사람들이 대표적인 이미지이다.

일관되지 않은 다양성이 남동부의 문화이다. 대부분 가톨릭을 믿으나 최근 개신교 인구가 크게 증가하고 있다. 다양한 문화가 공존하다 보니, 뷔페 식당에서는 브라질식, 일식, 아랍식이 뒤섞여 제공된다. 상파울루는 세계 최대 헬리콥터 이용률을 자랑하는데, 우버(Uber)는 2016년에 이 도시에서 세계 최초로 헬기 택시를 선보였다.

남부

남부는 파라나(Paraná), 히우그란지두술(Rio grande do sul), 산타카타리나(Santa Catarina)의 3개 주가 있다. 전 국토의 7%, 인구의 14%를 차지한다. 거주민 대부분은 독일, 이탈리아, 폴란드 등 유럽계 백인 이민자 후손이다. 남동부에 이어 2위의 경제 핵심 지역이다. 브라질 최대 곡창 지대이자 선진국에 버금가는 사회, 경제 구조를 갖추었다. 교육 수준이 높고 문맹율, 범죄율, 교통 체증, 사회적 불평등이 낮다.

5대 광역권 중에 가장 작지만 남동부 다음으로 부유한 지역이다. 브라질에서 유일하게 온대 지역에 속하기 때문에 겨울에 영하로 떨어지는 경우도 있으며, 종종 눈이 내리는 곳도 있다. 남부는 가우초(목동) 문화의 영향도 크게 받았다. 특히 히우그란지두술 주민들은 마테라고 부르는 차를 습관처럼 마신다. 차를 마시며 공원에서 휴식을 취하는 모습을 자주 볼 수 있다. 차 통에 꽂힌 1개의 빨대를 이용하여 여러 명이 마시는 것은 우정과 친밀함의 상징이다. 주민 대부분이 가톨릭이지만 유대인도 다수 거주하고 있다. 지젤 번천, 알렉산드라 엠브로시오 등 세계적으로 유명한 브라질 모델들 중에는 남부 출신이 많다. 세계 모델 에이전시들은 모델 유망주를 발굴하기 위해 브라질 남부 지역을 방문하기도 한다.

이곳 3개 주는 분리 독립 여론이 있다. 독립운동은 25년여 전에 산타카타리나 주에서 시작되었다. 주민들이 독립을 요구하는 것은 경제적으로 발달된 남부 지역에서 다른 지역보다 세금을 더 많이 내는데 인프라·보건·교육 등의 공공 서비스 혜택을 못 받는다는 불만 때문이다. 주민들에 대한 비공식 투표 조사 결과 90% 이상이 독립에 찬성하고 있다. 역사적으로도 히우그란지두술은 오랜 기간 포르투갈과 스페인 간 영토 분쟁 대상 지역이었고, 1822년 브라질이 포르투갈로부터 독립하면서 브라질 영토에 편입하게 되었다. 지금도 히우그란지두술주는 브라질 정부(왕실)에 대한 독립혁명이 발생한 9월 20일을 공휴일로 기념하고 있다.

03

35개의 정당이
활동하는 사회

브라질은 정치·사회적인 면도 다양하다. 이는 35개의 많은 정당으로도 확인된다. 35개 정당 중에서 의석수가 1개 이상인 정당은 25개이다. 정당들의 창당 역사는 오래되지 않았는데 1988년에 군사정권이 물러나고 민주화되면서 창당되었기 때문이다. 군사정권 시대에는 국가혁신연합당(ARENA), 브라질민주운동당(MDB) 2개만 있었다. 25개 정당의 성향은 노동자, 기독교, 환경으로 다양하다.

다음의 표는 2015~2016년에 의회에 제출된 사회적 이슈와 경제적 이슈 법안에 대한 성향을 분석한 것이다. 사회적 이슈의 주요 내용은 형사책임 최소연령, 자연보호구역 축소, 낙태 합법화, 동성 결혼, 테러 예방을 위한 사생활 제한 등이다. 경제적 이슈의 주요 내용은 민영화, 심해 유전 사업 페트라브라스 의무 참여 완화, 노동법 개정, 국립대 학비 부

브라질 25개 정당의 성향

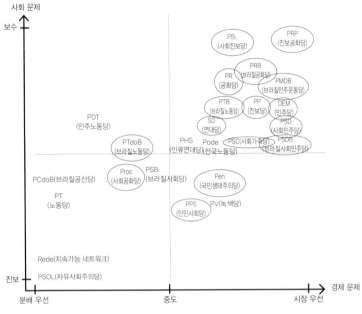

사회 문제

보수

PSL
(사회진보당)

PRP
(진보공화당)

PRB
(브라질공화당)

PR
(공화당)

PMDB
(브라질민주운동당)

PTB
(브라질노동당)

PP
(진보당)

DEM
(민주당)

SD
(연대당)

PSD
(사회민주당)

PDT
(민주노동당)

PHS
(인류연대당)

Pode
(전국노동당)

PSC(사회가족당)

PSDB
(브라질사회민주당)

PTdoB
(브라질노동당)

PCdoB(브라질공산당)

Pros
(사회공화당)

PSB
(브라질사회당)

Pen
(국민생태주의당)

PT
(노동당)

PPS
(인민사회당)

PV(녹색당)

Rede(지속가능 네트워크)

진보

PSOL(자유사회주의당)

경제 문제

분배 우선   중도   시장 우선

＊자료원 : BBC. 동그라미는 연립정권 참여 정당

과, 정부 지출 동결, 사회복지 정책 개편 등이다. 경제 문제는 시장 우선, 사회 문제는 보수적인 성향을 갖고 있는 정당이 많다.

집권당은 의석이 적기 때문에 연립정부의 구성은 필연적이다. 연립정부에 참여한 정당은 동그라미로 표시된 16개이다. 표에서 보듯이 사회 문제와 경제 문제에 대한 성향이 다른 소수정당들이 연립정부를 구성하고 있어서 법안에 대한 합의를 이끌어내는 데 많은 시간이 걸린다. 정권에서 여러 정당을 이끌고 가기 위해서는 각각의 정당에게 고위직이나 정치자금 지원이 필요하다. 이러한 이유 때문에 룰라와 지우마 정부 시절에 장관직이 32개에 달했다가 2017년 테메르 정부 들어서 개혁조치의 일환으로 23개로 줄었다.

연립정부에 참여한 정당에 정치자금을 제공한 '멘살라웅' 사건이 일어 났다. 멘살라웅은 매달 지급하는 금액이라는 뜻인데, 말 그대로 집권당에 서 연립정부에 참여한 정당의 정치인에에 정부에 협소하는 대가로 월급처 럼 매월 3만 헤알씩 주었던 사건이다. 2005년 룰라 대통령의 집권 노동당 이 기업을 통한 불법 후원금과 은행에서 빌린 자금을 갚지 않는 방법으로 조성했다. 사건은 아직 종결되지 않았으나 이후에 '라바자투'라는 대형 비 리 사건이 터지면서 멘살라웅 사건은 덮어지는 분위기이다.

•멘살라웅 뇌물 사건•

룰라 정부 시기인 2005~2006년에 발생한 비리 사건이다. 집권 당 PT(노동당)가 불법적인 방법으로 자금을 조성하여 정부에 협 조하는 대가로 3만 헤알의 '멘살라웅'를 매월 연립정부에 참가한 정당 정치인들에게 지급했다. 멘살라웅을 받아오던 국회의원들은 PL(현재 PL당), PP(진보당), PMDB(브라질민주운동당), PTB(브라 질 노동당) 등 연립정당 소속이다.

2005년 연립 여당 중 하나인 PTB당 대표 로베르토 제퍼슨이 최초로 비리를 폭로했다. 그는 PTB당이 연루된 정부 입찰 비리로 의심을 받아 오던 차에 검찰 수사를 방해하고 혐의를 무마하기 위해 더 큰 비리인 멘살라웅을 터뜨린 것이다. 그는 자신이 당대 표로 있는 PTB 의원이 멘살라웅에 연루되었음에도 불구하고 비 리를 폭로했다. 당시 정무장관 조제 지르세우는 멘살라웅 비리를 주도하였으며, PT당의 재무담당이던 데루비우 소아레스가 지급하는 실무를 맡았다. 정부 기관의 홍보를 담당하던 광고업자 마르코스 발레리오는 공기업과 민간 기업을 통해 불법으로 후원금을 조성했으며, 은행으로부터 자금을 빌려 갚지 않는 방법으로 불법 재원을 마련했다. 룰라 대통령은 PT당 의원 다수의 비리 연루 의혹에도 불구하고 "비리 사실을 인지하지 못했다."고 주장했고, 2006년 국민의 높은 지지도에 힘입어 재선에 성공했다.

그러나 폭로 2년 후인 2007년 연방대법원이 검찰의 요청을 받아들여 본격적인 비리 수사가 시작됐다. 그 결과 PT당의 주요 인물인 José Genoino(PT당 대표), Sílvio Pereira(PT당 비서), João Paulo Cunha(하원 의장), Luiz Gushiken(통신부 장관), José Dirceu(정무장관), Anderson Adauto(교통부 장관), Antonio Palocci(재무부 장관) 등 정치인 다수가 구속되거나 면직되었다. 아직까지 '멘살라웅' 수사는 완결되지 않았으나 다수의 PT당 정치인이 구속되었다. 지우마 대통령의 탄핵 등 정치 혼란과 더 큰 비리 사건인 라바자투가 터지면서 '멘살라웅' 수사는 잠정 중단된 상태이다.

음식으로 나타나는 문화의 다양성

브라질 음식은 전반적으로 고열량이며 짜다. 브라질 사람들은 매운 맛도 좋아해서 가정과 식당에서는 '피멘타(Pimenta)' 등 매운 소스를 즐겨 먹는다. 과일과 디저트는 매우 단데, 고혈압과 당뇨환자가 적지 않은 원인이기도 하다. 콩요리 등 고열량 음식을 즐겨 먹다 보니 브라질 사람들의 체형은 전반적으로 크다. 대개는 짠 것만 빼고는 한국인의 입맛에 맞다.

브라질은 남미에서 유일하게 쌀밥이 주식인데 다진 양파, 마늘 등을 넣은 쌀을 기름에 볶은 뒤 물을 넣고 끓여 먹는다. 한국은 '찌개문화'로 냄비에 각종 재료와 물을 넣고 끓이지만, 브라질에서는 굽거나 튀기고, 국물이 있는 경우도 걸쭉한 편이어서 물이 많이 쓰이지 않는다. 그래서 대부분의 음식은 대접이 아닌 접시로 담을 수 있다. 뭐든지 풍부한 나라여서 식당에서 음식을 시키면 양이 푸짐하다. 식당에서는 음식 재활용이 엄격히 금지되어서 남은 음식은 반드시 버려진다.

음식 문화는 전 세계의 다양한 문화를 차별 없이 수용해 온 브라질 국민들의 유연한 기질을 보여 준다. 브라질은 원래 인디오 원주민이 있었고, 포르투갈의 식민지를 거치면서 유럽, 아프리카, 아시아, 중동계의 이민자가 와서 구성된 나라이다. 이민자와 함께 세계 각국의 요리가 소개되었고 브라질의 큰 땅에서 나오는 풍부한 식재료와 함께 음식은 다양하게 현지화되었다. 요리의 수준도 높은데 상파울루에서 먹는 이탈리아 음식은 이탈리아에서 먹는 것보다 더 맛있다는 평을 들을 정도이다.

앞서 살펴본 5개 광역권을 대표하는 토종 음식이 있다. 북부는 인디오 원주민, 북동부는 아프리카, 중서부는 유럽, 남동부는 유럽·아랍·아시아,

남부는 유럽계의 사람들이 고국의 음식을 브라질에서 발전시켰다. 한식, 일식, 중식, 베트남식, 레바논식, 시리아식 등 동양 음식도 상파울루 등 도시에서 쉽게 볼 수 있다.

북부는 감자와 비슷하며 인디오의 주식인 '만지오카(Mandioca)'를 이용한 음식이 발달되어 있다. '타카카(Tacaca)'는 만지오카 가루를 물에 풀어서 걸쭉하게 끓인 후 말린 고추와 새우를 넣어 만드는 노란색 수프이다. 대표적인 간식은 '아카라제(Acaraje)'이다. 콩과 양파로 만든 반죽을 기름에 튀긴 다음 반으로 잘라 마른새우와 코코넛 크림으로 속을 채워서 만든다.

북동부는 브라질의 '국민음식'으로 발전한 '페이조아다(Feijoada)'가 있다. 검은콩과 돼지고기, 소시지, 베이컨 등을 솥에 넣고 푹 고아 만든 스튜이다. 아프리카에서 끌려온 노예들이 북동부의 사탕수수밭에서 주인이 버린 소고기와 돼지고기의 잡다한 부위를 넣어 끓여 먹은 데서 유래했다. 아프리카 흑인 노예들이 사탕수수밭에서 고되게 일한 후 허기진 배를 채웠던 음식이다. 조리법은 포르투갈식 콩요리에서 비롯했기 때문에 유럽과 아프리카 문화의 혼합인 셈이다. 북동부 핵심 주인 바이아에서는 아프리카 원산의 덴데 기름을 활용해서 각종 해산물을 넣고 끓인 모케카(Moqueca)도 유명하다.

중서부는 페키(Pequi) 열매를 이용한 치킨 요리인 '프랑고콤페키(Frango com pequi)'가 있다. 프랑고콤페키는 소금과 후추로 양념한 닭을 냄비에 넣은 후 양파, 마늘, 페키를 넣어 닭이 익을 때까지 조리한다. 페키 열매의 독특한 향이 좋다. '파소카지카르니세카(Paçoca de Carne Seca)'도 있다. 마른 고기를 잘게 찢어 하루 정도 물에 담갔다가 물과 함께 냄비에 넣고 끓이면 고기가 부드럽게 된다. 그것을 만지오카 가루, 양파, 마늘 등과 같이 넣고 볶아서 밥과 함께 먹는다.

남동부는 유럽 음식으로 유명하다. 미나스제라이스 주에는 18세기 금광이 발견된 이후 포르투갈인들이 대거 몰려들면서 '토헤즈무(Torresmo)'와 '케일(Kale)'을 활용한 음식이 들어왔다. 토헤즈무는 돼지 삼겹살의 비계를 기름에 튀긴 요리이다. 또한 리우의 해변에서는 맥주와 포르투갈 전통 음식인 '염장대구튀김(Bolinha de Bacalhau)'을 안주 삼아 먹는 사람들을 쉽게 볼 수 있다. 염장대구튀김은 소금에 절인 대구살에 감자, 양파, 달걀노른자 등을 밀가루와 섞어서 반죽한 뒤 기름에 튀긴 것이다.

이탈리아와 독일계 사람이 많이 사는 남부에는 '슈하스코(Churrasco)'와 독일식 소시지 '살시샤(Salchicha)'가 있다. 슈하스코는 소의 여러 부위를 꼬치로 만든 브라질식 바베큐이다. 산타카타리나 주에서는 매년 독일 맥주 축제인 '옥토버페스트'도 열린다. 브라질에 230여 개 맥주회사가 있고 세계

소고기 꼬치구이 슈하스코

3위 맥주 시장 국가로 성장한 것도 독일 이민자의 영향이다.

도시 지역에서는 동양 음식도 많이 먹는다. '국민간식'인 '파스테우 (Pastel)'는 우리나라의 튀김만두와 비슷한데 밀가루 반죽에 소고기나 닭고 기로 속을 채운 다음 기름에 튀긴 것이다. 1940년대에 일본 이민자들이 중 국식 만두를 변형해서 시장에서 판 데서 유래하였다. 스시는 고급음식으 로 자리 잡았다. 아랍 음식을 제공하는 브라질 토종 패스트푸드점인 '하비 빕스(Habib's)'의 인기가 높다. 브라질 전역에 450개의 매장이 있다. 브라질 에는 시리아인 200만 명 등을 포함하여 중동계가 1,000만 명이 산다.

한국 음식도 인기이다. 상파울루 시내에 있는 한 한국식당에는 한국 사 람보다 브라질 사람이 훨씬 많다. 브라질 사람들이 가장 좋아하는 메뉴는 '비빔밥'인데 간장을 듬뿍 추가하여 맛있게 먹는다. 육개장, 순두부도 무척 좋아한다.

04

땅이 넓은 나라의 사람들은
여유가 있다

브라질 사람들은 대국적 기질을 갖고 있다. 비즈니스 협상, 임대차 계약 등에서 상대를 애타게 하지 않는다. 일을 '쉽게, 쉽게' 처리하는 경향마저 보인다. 길게 보면서 내가 상대방을 관대하게 대하면 상대도 나를 애타게 하지 않을 것으로 생각한다. 반면에 척박한 작은 나라 이스라엘에서는 같은 동족인 유대인 간에는 관대하지만 다른 민족에 대해서는 그렇지 않다.

무역관은 연초에 계약 기간 중이긴 하지만 경기 침체로 공실이 증가해서 주변 오피스 빌딩의 임차료 수준이 떨어진 점을 고려해서 사무실의 임차료를 낮추어 달라고 건물주이자 건설회사를 갖고 있는 회장에게 요청했다. 그는 한국인은 부지런해서 좋아한다는 덕담과 함께 계약서를 무시하고 임대료를 선뜻 인하해 주었다. 이후에 한국에서 건축 자재를 수입하고 싶다는 회장의 요청에 무역관은 빚 갚는다는 심정으로 한국의 공급 업체를

브라질에서 나는 온갖 과일

샅샅이 찾아서 전달해 주기도 했다.

브라질은 큰 덩치 하나로 꿀리지 않고 살아왔다. 넓은 땅에서 생산되는 설탕, 커피, 오렌지, 대두, 닭고기, 소고기 등의 농산물과 철광석, 흑연, 니오븀 등의 광물은 세계 1~2위의 생산국이다. 대국 브라질의 풍요로움은 길거리 노숙자에게 과일 바구니를 주면 자기가 먹고 싶은 것만 골라서 먹고 나머지는 돌려주는 여유에서도 찾을 수 있다. 구걸하는 사람도 주말에는 쉰다.

대국의식이 강한 브라질은 전통적으로 외교를 중시한다. 국제외교에서 브라질의 독자 목소리를 내는 것을 중요시한다. 유엔 안전보장이사회의 상임이사국이 되기 위해 노력한다. 브라질 외교부는 1980년대에 베네수엘라, 콜롬비아의 국경 협상에서 브라질의 땅을 넓히는 데 큰 역할을 했다. 정부 부처 건물 중에서 외교부가 맨 앞에 위치해 있고 최고의 공무원이 일하는 곳이다. 브라질은 1980년대 이미 핵무기 기술을 확보한 것으로 알려진다.

브라질은 미국을 세계 최고의 강대국으로 인정하지만 견제한다. 북한의 핵 개발에 따라 2017년 10월 미국은 제재 조치의 일환으로 브라질, 멕시코, 페루, 칠레에 북한과의 외교 관계 단절 등을 요청했다. 멕시코와 페루에서는 북한대사를 추방했지만 브라질은 아직 조치를 취하지 않고 있다. 브라질은 많은 나라에 무비자 입국 혜택을 주면서도 미국인에게는 비자를 요구한다. 미국이 브라질 사람들에게 비자를 요구한다는 이유 하나 때문이다. 미국 주재 브라질 영사관 홈페이지에는 국가별 비자 발급 수수료가 명시되어 있다. 대부분의 국가는 80달러인데, 미국 국민은 두 배에 달하는 160달러를 납부해야 한다. 그 이유도 써 있는데 브라질 국민이 미국 비자를 발급받을 때 160달러를 납부해야 하기 때문에 동일한 금액을 청구한다는 것이다.

미국은 정치·경제적으로 브라질을 견제해 왔는데 1959년에 쿠바가 공산화된 이후 브라질의 공산화를 막기 위해 브라질 군부의 쿠데타를 지원했고, 브라질이 외환위기를 겪을 때마다 가치가 폭락한 브라질의 인프라 기업을 매입했다. 2001년 시작된 WTO 도하 라운드 협상에서 브라질 등 13개국의 케언즈 그룹은 미국에게 농업 보조금 철폐를 요구했다. 이는 도하 라운드 협상 실패의 한 원인이 되었고, 이후 미국은 다자간에서 양자간

미국인에 대한 브라질 입국 비자 발급 안내문

Consular Fees:

- U.S. passport holders: USD 160.00, charged in reciprocity for an identical fee paid by Brazilian citizens who apply for a business visa to the U.S.;
- Angola: USD 140.00;
- Algeria: USD 85.00;
- United Arab Emirates: US$55.00;
- Passports of all other countries: USD 80.00;

미국의 중남미 군사 작전

연도	대상국	내용
1915년	아이티	-제1차 세계대전 기간 중 침공하여 1934년까지 점령 -근대화를 위한 차관 등으로 재정이 악화된 아이티에 대한 채무 상환이 명분이었으나, 카리브에 대한 영향력 확보가 목적
1954년	과테말라	-미국 CIA가 군부 지도자 아르마스의 쿠데타를 지원 -아르벤스 대통령이 과테말라에 진출한 미국 기업 'United Fruit'의 이익에 상반되는 개혁 정책을 시도하자 정권 전복을 지원
1961년	쿠바	-카스트로의 쿠바 공산정권을 붕괴시키기 위해 미국은 반공 게릴라가 벌인 상륙작전을 지원했으나 실패
1965년	도미니카	-억류 미국인의 구출을 위해 산토도밍고를 침공. 실제로는 친미파 군사정권을 몰아내고 집권한 카마뇨 대령 일파 제거가 목적
1965년	브라질	-골라르트 정부의 전복을 위한 우파 군부 쿠데타 지원
1973년	칠레	-남미 공산화를 경계한 미국은 피노체트의 쿠데타에 개입하여 아옌데 정권 전복
1981년	엘살바도르	-반군 진압 위해 엘살바도르의 군사 독재 정권 지원 -엘살바도르를 중미문제 해결의 '시험장'으로 설정
1982년	아르헨티나	-영국과 아르헨티나의 포클랜드 전쟁에서 미국은 영국을 지원 -남미 제국의 반미감정 고조
1983년	그라나다	-소련과 쿠바의 지원을 받은 군부의 쿠데타가 발생하자 좌파정권을 무너뜨리기 위해 침공
1986년	니카라과	-독재 소모사 정권을 무너뜨린 좌파정권의 붕괴를 위해 콘트라 반군을 지원
1989년	파나마	-반미의 마누엘 노리에가가 마약 밀수에도 관여하자 그를 축출하기 위해 기습 공격
1989년	콜롬비아	-콜롬비아 마약전쟁에 대규모 군사 지원
1994년	아이티	-쿠데타 세력을 축출하고 민선 대통령 복귀를 위해 침공

으로 무역협정 전략을 전환했다.

중남미 국가들은 '반미감정'을 갖고 있다. 그 배경은 미국이 1898년에 스페인과의 전쟁에서 승리한 후 파시스트 세력과 공산주의 세력의 침투를 막기 위해 중남미에서 펼친 적극적인 정책 때문이다. 미국은 군사적으로도 적극 개입했다.

브라질이 초강대국이 되려면 혼자 노력만으로 되기는 어려운데 미국과 관련이 있기 때문이다. 미국이 만들어 온 국제 체계는 미국 주도의 세계를 만들기 위한 것이기 때문에 현재의 국제 체계에서 브라질이 초강대국이 되는 것은 도전적인 일이다. 브라질이 세계 최강대국 미국과 같이 아메리카 대륙에 있는 것은 불운한 일이다. 브라질은 초강대국으로 발돋움하는 과정에서 아시아 대륙에 있는 중국보다 더 큰 견제를 받을 것이다. 중국은 건국 이후 냉전시대를 거치면서 현재의 G2 지위에 오는 과정에서 미국이 주도하는 제도권 국제 사회에서의 압력과 고립 정책을 극복해 왔다. 중국은 국가 승인, 유엔 가입, 서방 국가와 수교, 핵무기. 대륙간 탄도미사일 개발, WTO 가입 등에서 미국의 견제를 받았다. 현재 브라질이 유엔 상임이사국이 되기를 희망하지만 실현되지 않고 있다.

브라질은 중남미의 맏형으로서 수입 대체 산업화, 종속이론, 해방신학을 주창하면서 주류 국제 질서와 다른 목소리를 냈다. 내수가 크기 때문에 수입 대체, 로컬 콘텐츠 의무화 등 자국 산업을 육성하려는 정책을 꾸준히 펼쳤다. 이에 따라 다른 남미 국가들이 1차 산업이 주력인 데 비해서 에너지, 제조업, 금융업 부문에서 브라질 기업들이 눈에 띈다. 세계적인 기업으로 성장한 에너지의 Petrobras, 중소형 항공기의 Embraer, 광물의 Vale, 육류의 JBS, 금융업의 ITAU, 주방용품의 Tramontina, 신발의 Havaianas와

브라질의 10대 기업

순위	기업	분야	매출액
1	Itaú	금융	509억 달러
2	Petrobras	에너지	421억 달러
3	Bradesco	금융	415억 달러
4	Vale	에너지	260억 달러
5	Cielo	금융	206억 달러
6	Banco do Brasil	금융	170억 달러
7	Itaúsa	금융	156억 달러
8	Ultrapar	에너지	115억 달러
9	BRF	식품	109억 달러
10	BM&F Bovespa	금융	84억 달러

*자료원 : Forbes

Melissa 등이 있다.

지금도 브라질은 정책 금융의 지원을 통해서 조선, 오일·가스, 제철, 반도체, 건설 등에서 삼성전자, LG전자, 현대차 등과 같은 글로벌 기업을 만들어 내려는 목표를 갖고 있다. 한편 선진국들이 브라질 등 개발도상국에서 원재료 공급지라는 종속적인 지위로 몰아넣고 착취한다는 종속이론도 브라질 사람들의 정서에 남아 있다.

브라질, 미국, 중국, 러시아, 호주, 캐나다는 내수시장, 인구, 자원 등이 엄청나다. 대국 중에서 미국, 중국, 러시아는 경제적인 관계 이외에 외교·군사적으로 우리나라에 영향을 준다. 우리나라와 멀리 떨어져 있는 호주, 브라질, 캐나다 중 호주와 캐나다는 언어를 같이 쓰는 미국·영국 영향권의 나라이다. 그러나 브라질과는 경제적인 이해로만 관계를 맺을 수 있다. 10개국과 국경을 맞대고 있는 브라질은 남미 진출의 중요한 플랫폼이다.

브라질에 진출한 한국의 한 물류회사는 전부터 거래해 온 브라질 회사에 낮은 가격으로 신규 계약을 제의했는데 브라질 회사는 이렇게 싸면 귀사는 뭘 먹고사느냐면서 오히려 가격을 올려서 계약을 체결했다. 다른 나라보다 브라질이 하나 더 구사할 수 있는 전략은 관대함이다.

대국의 로망, 항공우주산업

2016년 리우 올림픽 개막식이 열린 마라카낭 축구장에는 비행물체가 하나 등장했다. 상자 모양에 골조가 그대로 보이는 괴상한 형태였다. 세계 최초의 동력 비행기인 '14-Bis'호이다. 비행기에는 산토스 두몽(Santos Dumont)이 '세계 최초' 비행을 앞두고 상기된 얼굴로 관중석을 보고 있었다. 비행체는 힘차게 날아올라 관중석 위를 한 바퀴 돌고 리우 시내로 갔다가 다시 경기장으로 돌아왔다. 비록 경기장 안에서는 와이어가 비행기를 지탱하고 리우 시내의 비행은 컴퓨터 그래픽으로 처리했지만 관중들은 대형 스크린을 통해 '14-Bis'호의 비행을 보고 뿌듯해했다.

세계 최초로 동력 비행기를 띄운 나라는 브라질이다. 산토스 두몽의 비행은 라이트 형제의 비행보다 3년 후인 1906년에 이루어졌지만 라이트 형제는 '지렛대' 원리를 이용하여 비행기를 이륙시킨 반면, '14-Bis'호는 도구

올림픽 경기장의 '14-Bis'호

없이 자력으로 날았기 때문이다.

산토스 두몽의 전통을 이어받은 회사는 브라질의 항공기 제작사인 엠브라에르(Embraer)이다. 대부분의 외국인은 브라질이 비행기를 생산한다고 하면 놀란다. 브라질은 농산품과 광물만 생산하는 기술력이 낮은 나라로만 인식하기 때문이다. 엠브라에르는 브라질 정부의 의지로 1969년에 설립되었다. 미국, 유럽, 러시아, 캐나다, 중국 등과 같이 브라질도 넓은 국토와 국방 때문에 항공산업을 시작했다. 특히 아마존은 넓은 밀림이어서 육상 교통이 어려웠다.

엠브라에르는 이탈리아 비행기를 면허 생산하면서 항공기 제조를 시작했는데 현재까지 5,000대 이상의 항공기를 생산했다. 현재는 중형 민항기와 비즈니스 제트기를 합하여 연간 200대 이상 생산한다. 제품은 중형민

항기(70~130인승), 비즈니스 제트기(12~15인승), 프로펠러 소형기 3가지이다. 헬리콥터는 생산하지 않는다. 비행기에 들어가는 부품 공급 업체의 88%는 해외 업체이다. 엔진은 영국의 P&W와 미국의 GE 제품을 쓴다. 그러나 비행기 운항용 소프트웨어 시스템은 자체 개발해서 쓴다.

엠브라에르는 110인승 이하의 중형 여객기 부문에서 세계 중형기 시장의 57% 이상을 점유하고 있다. 경쟁을 피하기 위해 보잉과 에어버스보다는 작은 비행기를 생산한다. 비즈니스 제트기의 최대 고객은 미국이다. 생산의 70%를 미국 고객에게 판매한다. 그래서 비즈니스 제트기의 생산 기지는 미국 플로리다 주 멜버른 시에 있다. 자체 생산하는 전투기 투카노(Tucano)가 브라질 공군의 주력기인데 앞으로 기술 이전을 받아서 스웨덴의 그리펜을 2019년부터 생산한다.

엠브라에르는 위성 사업도 하고 있다. 1999년부터 중국과 인공위성을 공동 개발하고 있다. 'Programa Ciber' 프로그램에 따라 5개의 인공위성이 이미 발사되어 아마존의 삼림과 농지를 감시한다. 엠브라에르 합작사인 비지오나(Visiona)사는 지난 5월에 기아나의 쿠루 우주기지에서 브라질 최초의 군사·통신용 위성을 발사하기도 했다.

1994년 민영화되었지만 지금도 정부의 재정 지원을 받고 있다. 민영화후 많은 주주가 생겼지만 브라질 정부가 황금주를 가지고 의사 결정한다. 한 자리 지분율이지만 미국의 연기금 펀드도 주요 주주이다. 캐나다의 봄바디에르(Bombardier)도 엠브라에르와 같이 소형 비즈니스 제트기와 60~150인승의 중형기를 생산하는 회사인데 엠브라에르와 마찬가지로 재정 상태가 좋지 않아 비행기 개발이나 판매에서 정부 지원이 필수이다. 전세계 항공기 산업을 보잉이나 에어버스가 주도하기 때문에 생기는 성장의 한계 때문이다.

엠브라에르는 한국항공우주산업(KAI)과 경쟁하면서 협력하는 관계이다. 여객기를 생산하는 것을 제외하고는 엠브라에르의 제품은 한국항공우주산업과 같다. 한편 한국항공우주산업은 항공기 날개 부품을 2033년까지 엠브라에르에 공급한다. 엠브라에르는 한국의 위성 기술에 관심이 많다.

05

다국적 경제 체계가 이식되다

외국 산업 체계의 이식

미국·유럽계 기업들은 오래전부터 브라질에 진출했다. 제너럴모터스는 1925년에, 폭스바겐은 1953년에 진출하여 브라질에서 토종 기업처럼 되었다. 자동차 시장 점유율 1위인 피아트는 1976년에 브라질 미나스제라이스 주에 연 80만 대의 생산 공장을 설립했다. 브라질 제약 시장 1위인 독일계 EMS Genericos사는 2000년에 브라질 연구소의 가동을 시작하면서 복제약 시장에 진출했다. 금융업에서도 스페인계 산탄데르 은행이 1982년에 진출해서 현재 주요 은행의 입지를 갖고 있다. 농업에서는 일본계의 종자, 재배 기술, 유통, 금융 기업과 농가들이 1973년에 시작된 브라질 세하도(Cerrado) 지역에 33만ha를 개발하면서 진출했다.

신재생 에너지의 대표 분야인 풍력 발전 산업도 선진 기업이 주도한다. 브라질의 신재생 에너지 정책은 2004년에 태동했다. 수력이 60% 이상인 브라질은 기후 변화로 인한 가뭄으로 전력 생산에 차질이 생기자 에너지원의 다양화를 위해 풍력을 주목했다. 당시에 정부는 200MW 전력을 1MW당 270헤알(US$200)에 20년간 구매하는 제도를 도입했다. 또한 브라질산 부품의 의무 사용 비율을 준수한 투자 기업에게는 저리의 정책 자금도 제공하여 풍력이 빠르게 발전하는 데 기여했다.

터빈, 블레이드, 송전 설비 등은 브라질에 진출한 GE(미국), Gamesa(스페인), Wobben(독일), Siff Energies(프랑스), Vestas(덴마크), Alstom(프랑스) 등의 외국 회사가 공급한다. 브라질의 풍력 발전 기술은 낮은데 풍력 타워를 건설하는 수준이다. 최근에는 브라질 토종 기업인 Aeris사가 자체 개발한 블레이드를 GE에 공급하기 시작했다. 한국도 신라정밀이 GE에 베어링을 납품하기 위해 브라질에 진출했다.

외국 기업들은 브라질의 내수시장을 목표로 브라질에 들어왔다. 브라질이 세계에서 6번째로 많이 외국인 투자 유치(연간 600억 달러)를 받는데도 불구하고 브라질의 수출액은 1,911억 달러(2015년)에 불과한 것만 보아도 알 수 있다. 외국 기업에게 브라질은 평화로운 '밀림의 나라'가 아니고 약육강식의 '정글의 나라'이다.

유럽 각국의 이민자들이 브라질에 오면서 모국의 기업들은 자연스럽게 브라질에 진출하게 되었고, 브라질의 주류가 유럽인이 되었기 때문에 브라질의 서구 자본에 대한 거부감이 적다. 브라질이 서구 기업을 보는 시각은 아시아의 한국이나 중국이 다른 문화권의 서구 기업을 보는 시각과 다르다. 특히 한국과 중국은 근대화 과정에서 서구나 일본의 기업들에게 경제

초기 이탈리아 이민자의 농업협동조합

적 이권을 줄 수밖에 없었던 아픈 경험도 있었다.

남동부와 남부는 브라질 경제의 핵심이다. 이곳의 산업은 독일, 이탈리아, 일본계의 이민자들은 모국의 산업·농업 체계를 브라질에 이식했다. 히우그란지두술 주에는 이탈리아계 이민자의 후손이 세운 Marcopolo(버스 생산), BRF(육류), Randon(트럭 화물칸 제작), Tramontina(주방용품), Todescini(가구) 등은 세계적인 기업으로 성장했다. 이탈리아 이민자들은 모국에서 기술, 장비 등을 가져왔다. 비즈니스 방식도 모국을 따랐다. 다른 지역과 달리 이곳 산업연맹 산하에는 산업별 조합이 있다. 모국인 북부 이탈리아 산업은 가족단위 소기업이 많아서 완제품 생산을 위해서는 다른 소기업과의 협력이 필수적이어서 산업별 조합이 발달되었다. 1901년에 설립된 이곳의 산업연맹의 역대 회장은 이탈리아 백인계가 장악하고 있다.

이탈리아계는 농업에서도 본국의 기술을 브라질에 이식했다. 인구 50만 명의 카샤두술에서는 브라질에서 가장 많은 포도와 포도주를 생산하는데

AURORA 포도주가 유명하다. 이민자들은 이민 초기부터 협동조합을 만들어서 단결했다. 조합을 통해서 농기계, 기술 등을 공유했다.

이탈리아 이민자들은 원주민들이 집 뒷마당에 풀어놓고 기르던 닭을 산업화했고, 오늘날 브라질 양계업의 토대가 만들어졌다. 브라질의 대표적인 식품회사이자 세계 최대 규모의 육가공 기업인 BRF의 모태는 남부 작은 주 산타카타리나에 살았던 이탈리아 이민자 가족들이 1934년에 차린 작은 양계장이다. 남부는 지금도 브라질 최대의 닭고기 생산지이다. 닭 산업은 시간이 지나면서 브라질의 핵심인 남동부 지역으로, 그리고 전국으로 퍼졌다. 양계업의 전파를 주도한 것은 상파울루와 리우 등 대도시에 정착한 중국과 일본 이민자들이었다. 1960년대부터 양계업은 명실공히 '산업'이됐다.

이민자들은 모국과 연결을 끊을 수 없다. 독일계 인구가 많은 지역에서는 여지없이 독일식 맥주축제가 열린다. 세계 2위 규모 맥주축제가 열리는 산타카타리나 주 블루메나우 시는 1860년부터 독일 이민자들이 맥주를 생산해 왔다. 독일인은 히우그란두술 주의 그라마두, 스위스 사람은 상파울루 주의 캄포스조르단, 네덜란드인은 상파울루 주의 홀람브라(Holambra)에 모국의 상징마을을 만들었다. 홀람브라는 네덜란드 사람들이 와서 농사를 지으면서 개척한 마을이다. 처음 농장을 개척하면서 쓴 농기계는 네덜란드 제품이다. 이곳에서는 매년 네덜란드의 상징인 튤립 축제가 열린다.

유럽에서는 없어진 문화를 브라질의 이민자에게서 찾을 수 있다. 19세기 말부터 독일, 이탈리아, 우크라이나, 폴란드, 루마니아 등의 사람들은 브라질 남동부에 와서 민족별로 마을을 형성하여 살아왔기 때문이다. 남동부의 한 작은 독일 마을에는 독일계 사람들만 산다. 모국에서는 없어진 말도

일본인이 개척한 농업마을

일본인이 많이 사는 이치바이아 시의 공원

이곳에서 찾을 수 있으며 심지어 포르투갈어를 제대로 하지 못하는 사람도 있다. 독일에서는 이미 없어진 Kerb(마을에 있는 성당이 창립된 날을 매년 기념하는 행사) 관습도 이곳에서 찾을 수 있다. 독일의 한 학자는 독일의 과거 전통을 찾기 위해 브라질에서 연구하기도 했다.

히우그란두술 주의 '이보치'라는 일본인 마을에는 일본인 300가구가 산다. 1966년에 일본인 26가구가 와서 양계, 딸기, 포도 농사를 시작했다. 일본에서 농업을 전공한 이민자 사사다가 같이 온 일본인에게 농업을 가르쳤다. 그를 기린 사사다 거리도 있다. 이곳에 있는 일본이민박물관 부근의 빈 공터에는 매주 일본인들이 만들고 재배한 것을 파는 장이 선다.

상파울루 인근의 이치바이아라는 소도시에는 일본인들이 딸기 농사를 지으면서 많이 산다. 이곳 도시의 한가운데에 있는 공원은 깔끔하게 다듬어진 일본식 정원이 있고, 입구에는 일본 신사의 상징물이 설치되어 있다.

한국인도 브라질의 여성 의류 발전에 크게 기여했다. 한인들은 1960년 대부터 브라질에 이민을 오면서 당시 한국에서 성장하기 시작한 지식과 축적된 경험을 통해서 브라질에서 여성 봉제 산업을 일으켰다. 한때 브라질 여성의류 시장의 70%를 점유했고, 한인들이 생산한 제품이 남미에 수출되었다.

다국적 기업의 곡물 산업 지배

브라질은 대두, 사탕수수, 옥수수, 커피, 카사바, 벼, 콩, 면화 등의 생산량과 품질이 세계적이다. 아직도 농경지로 개간되지 않은 땅이 많아서 수요만 있으면 얼마든지 생산을 늘릴 수 있다.

브라질 곡물 산업은 다국적 기업인 Bunge, Louis Dreyfus, Cargill, ADM 4개 사가 장악하고 있다. 네덜란드의 Luis Dreyfus는 1942년에 곡물 생산

브라질의 농산물 생산

생산품목	생산량(백만 톤)	세계 순위
대두(콩)	81.8	2위
사탕수수	768.1	1위
옥수수	80.3	3위
커피(콩)	3.0	1위
카사바	21.5	4위
벼	11.8	9위
콩	2.9	2위
면화	3.4	5위

＊자료원 : IBGE(Produção Agricola Municipal 2013)

브라질에 진출한 곡물 대기업 현황

기업명	국적	진출 연도	취급 품목
Bunge	네덜란드	1905년	대두(식용유, 마가린), 밀, 설탕, 바이오 연료
Louis Dreyfus	네덜란드	1942년	설탕, 쌀, 커피, 비료, 곡물(대두 포함), 금속, 오렌지 가공 및 수출
Cargill	미국	1965년	대두, 설탕, 알코올, 솜, 코코아, 비료/가축 사료 가공 및 생산
ADM	미국	1997년	대두, 옥수수 가공 및 비료, 바이오 연료, 화학 제품 생산
Amaggi	브라질	1977년	대두 생산, 식용유 생산 및 대두박 가공

조합인 Coibra를 인수하면서 진출했고 미국의 Cargill은 1965년에 하이브리드 옥수수 가공·생산 공장을 설립하면서 브라질에 진출했다. 1980년대 후반에 시장이 개방되면서 곡물, 종자, 비료 등의 ADM, Monsanto, DuPont, Bunge 등이 브라질에 진출했다. Bunge는 1997년 대두 가공 업체인 Ceval Alimentos를 인수하면서 사업을 확대했다. 한편 개별 농장주는 생산자조합을 결성하여 공동으로 생산, 보관, 거래, 유통을 하기도 한다. 판매는 주로 현물시장 또는 1년 선물계약을 통해서 국내외 유통 업체와 다국적 기업에 판매한다. 브라질 내수시장에서의 거래 가격은 시카고 곡물 거래소의 가격이 참조된다.

다국적 곡물 기업들은 '곡물의 생산·가공·보관·유통 시설을 보유한 브라질 기업의 인수', '비료와 종자 공급', '곡물 생산에 필요한 금융의 제공' 등의 방법으로 브라질에 진출했다. Bunge는 전 세계 35개국에 3만

브라질 파라나주의 Cargill사

5,000명의 직원이 있는데 절반에 달하는 1만 7,000명의 직원이 브라질에 있다. Cargill은 브라질에 1만 명, ADM 3,000명 이상의 직원을 두고 있다. 브라질 진출 역사가 오래되어 토종 기업처럼 되었다.

다국적 기업의 영향력은 대두만 보아도 알 수 있다. 대두 생산량의 90%는 수출되는데 다국적 기업이 수행한다. 대두의 구매·유통 90%, 대두 가공 50%, 비료 생산 65%, 대두 생산용 금융 서비스 80%가 다국적 기업이 처리한다. 대두 생산량의 나머지 10%는 브라질 토종 기업들이 식용유, 동물 사료 등으로 만들어 내수시장에 공급한다. 다국적 기업들은 브라질 진출 이후 계속 인수 합병과 직접투자를 계속하여 취급 품목 분야도 쌀, 커피, 밀, 설탕, 바이오 연료, 비료, 오렌지, 식용유, 사료 등 다양하다. 오랜 진출 역사만큼 공장과 창고를 많이 갖고 있고 브라질 생산자와의 우호 관계도 뿌리 깊다.

브라질은 농산물을 전 세계에 유통시키는 토종 기업이 없는 것이 뼈아프다. 토종 기업인 아마기(Amaggi)가 있으나 유통은 외국의 다국적 기업을

브라질 곡물 산업의 역사

시기	주요 내용
1970~1989년(군정)	- 대부분의 브라질 곡물 기업은 국내 자본의 중소기업
1990년대(경제 개방 시기)	- 농산물. 광물 등의 1차 산품 수출시 유통세를 감면시켜 주자 가공제품 생산보다는 원재료 상태로 수출 - 외국계 다국적 기업은 인수합병을 통해 브라질 투자 본격화
2002~2016년(노동당 정권)	- 중국 등 대규모 수입국의 등장으로 1차 산품의 수출전략 강화 - 다국적 기업의 수출 증가로 브라질의 무역수지 개선과 기업이익 증가

통한다. 다국적 기업이 브라질을 장악한 환경에서는 브라질의 이익을 극대화할 수 없다. 외국 기업의 영향력이 커서 브라질 정부도 대농 정책에 주안점을 두고 있다. 브라질 정치인들은 다국적 기업과 이익을 공유하는 부분이 있어서 토종 기업 육성 등 시장 구조의 개선에 적극적이지 않다.

일본 농업의 브라질 이식

해외 생활을 하면서 각국 사람들이 모이는 행사에 가면 영어로 우월하게 대화할 수 있는 상대가 일본인이다. 일본어는 발음 종류가 적어서 영어 발음에 치명적 약점이 있다. 몸도 왜소하고 뭔가 부족한 듯한 영어로 말하는 일본인들은 제2차 세계대전 때에 동남아시아를 점령했고, 지금도 비행기로 10시간 걸리는 호주까지 잠수함을 타고 갔으며, 세계 강대국인 미국, 중국, 러시아 등과 한 번씩 전쟁을 치렀다.

일본 이민자가 브라질 농업을 혁신했다. 일본인들의 말이 아니라 브라질 역사학자인 Boris Fausto의 말이다. 일본은 청일전쟁과 러일전쟁 이후 극심한 경기 불황과 이에 따른 실업을 겪자 인력의 해외 송출을 추진했다. 당시 브라질은 독일이나 이탈리아 이민자의 유입이 줄어들어서 노동력이 부족했다. 1895년에 일본과 브라질이 '우호·통상·항해조약'을 체결한 후 1908년부터 일본인들이 브라질에 이민을 오기 시작했다. 1920년까지는 브라질 사람들이 운영하는 농장에 1년 계약으로 왔다. 1920년부터는 먼저 정착한 일본인들이 세운 농장에서 이민생활을 시작했다. 초기 일본인들은 농장에 있는 움막이나 노예들이 살던 막사에서 살았다. 이민은 1970년대

초기 일본 이민자들의 숙소

까지 지속되었는데 현재 일본계 인구는 160만 명이고 최초 이민자의 6대 후손이 살고 있다. 일본계 인구의 50%는 상파울루 주, 35%는 파라나 주에 산다.

일본인이 오기 전에는 브라질의 농업은 사탕수수, 고무, 커피 등 단일 작물의 대규모 재배 위주였으나 일본 이민자들은 감, 밤, 후지사과, 딸기, 무, 고추, 우엉, 곤약, 수련 등 농작물 50여 가지와 수경재배, 비닐 덮기와 같은 농사 기술 등을 브라질에 소개했다. 지금 브라질 사람들은 일본 농가가 파업하면 밥상에서 채소, 과일, 달걀 구경을 못할 거라고 말할 정도이다.

일본 농가가 다수 거주하는 38개 도시의 과일 생산이 브라질 전체 과일 생산의 28%를 점한다. 복숭아 100%, 딸기 100%, 바나나 50%이다. 과거에는 수입했던 메론, 사과 등도 이제는 브라질에서 생산, 수출까지 한다. 채소는 브라질 전체의 21%를 일본계가 생산하며, 박하 99%, 차 99%, 감자 80%, 달걀 70%도 일본계가 생산한다. 일본계 Bastos사는 브라질 달걀 생산의 20%를 점한다.

브라질에서 일본의 성공은 조직력 때문이다. 일본 이민자들은 집단적으로 모여 살면서 근면하고 정직하게 농업을 가업으로 이어나갔다. 그 흔적은 지금도 남아 있는데 상파울루, 브라질리아 등 주요 대도시 인근에는 일본 농가가 모여 형성한 '그린벨트(Cinturao Verde)'가 있다. '그린벨트'는 일본계 농가들이 생산한 채소, 과일, 달걀 등을 브라질 소비자에게 공급한다. 상파울루 인근에 위치한 '모지 다스 크루제스(Mogi da Cruzes)' 지역 토지의 50%는 일본계 소유이다.

일본의 조직력은 1956년 브라질 거주 일본 이민자들에게 농업 기술을 지원하기 위해 결성된 '농업협동조합'을 통해 더욱 빛났다. 당시 농업협동조합은 기술 지원뿐만 아니라 농산물 판로 개척, 조합원 복지 프로그램 운영 등 '종합기술복지센터'의 역할을 했다.

일본 정부도 체계적으로 지원했다. 1970년대 초부터 브라질을 해외 식량

일본 이민자 농업협동조합이 발간한 농업 기술 자료

자원의 안정적인 공급처로 주목했다. 1978년에 일본과 브라질은 합작으로 일본-브라질 농업개발주식회사를 설립하고 1979년부터 1999년까지 20년간 마투그로수의 '세하두(Cerrado) 지역 개발 프로그램'을 진행했다. 일본은 3차에 걸쳐 5억 7,000만 달러를 투입했다. 대두 증산 기술이 선파되고 세하두 35만ha의 척박한 땅이 비옥한 농지로 전환되었다. 2014년 기준으로 일본이 수입하는 대두의 20%가 이곳에서 온다. 브라질에서는 '일본인=신뢰'로 인식된다. 일본은 브라질에서 농업의 성공과 함께 신뢰라는 '사회적 자본'을 얻었다. 오랜 기간 일본이 체계적으로 진행한 브라질 투자의 결과이다.

06

고비용 경제의 한계에서 벗어나기

'브라질 경제는 닭의 날갯짓과 같다.'라는 말이 있다. 경제가 조금 날다가 툭 떨어지기를 반복했기 때문이다. 근본 원인은 경제 체계의 문제인데 식민지 시대 포르투갈 모국의 약한 뿌리, 1차 산품 중심의 단일 생산 경제, 국가와 특권 계층의 유착, 세무·노무·정치·토지·금융 등의 개혁이 부족했던 것이 원인이다. 브라질은 아시아, 유럽과 같이 자본주의를 채택했지만 성과는 다르다.

2016년 『포춘』 500대 기업에 브라질 기업은 7개 사인데 대국치고는 다국적 기업이 적다. 한국의 15개 사와 비교된다. 7개 사는 Petrobras(에너지), Banco do Brasil(금융), ItaúUnibanco(금융), JBS(식품), Banco Bradesco(금융), Vale(광물), Ultrapar Holdings(에너지)이다. 주로 석유, 축산물, 광물 등 1차 산업과 주로 국내에서 사업하는 금융 기업이다. 이들 기업의 각 산업

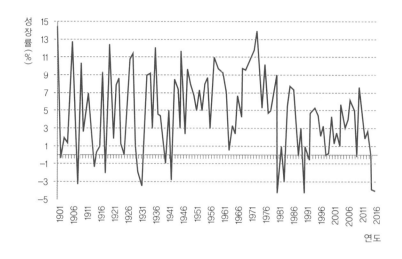

부문에서의 세계 순위를 보면 Petrobras는 12위, Banco do Brasil 27위, Itaú Unibanco 39위, Banco Bradesco 49위이고, JBS는 6위이다. 브라질이 『포춘』 500대 기업에 들어갈 만한 세계적 대기업을 더 많이 만들기 위해서는 기업들이 이미 세계 최고 수준인 내수(GDP 82%)에 주력하기보다는 수출 등 해외 비즈니스를 확대해야 한다. 그런데 브라질이 해외에 주로 수출하는 것은 1차 산품이고, 이것도 대부분 가공 이전의 원재료로 수출하기 때문에 비싼 가격에 팔기 어렵다. 원재료를 가공하여 세계 시장에 유통하는 것은 선진 다국적 기업들이 장악하고 있다. 이것이 브라질 경제가 성장하는 데 한계를 느끼는 부분이다.

브라질은 대기업의 순기능을 만들어 내지 못하고 있다. 전 세계의 시장이 개방되고 경제 블럭화되면서 기업들은 특히 개방의 정도가 높은 제조업 분야에서 더 큰 시장을 상대하게 되었고, 이에 따라서 시장 지배적인

국가별 『포춘』 500대 기업 수

순위	국가	개사
1	미국	134개
2	중국	103개
3	일본	52개
4	프랑스	31개
5	독일	28개
6	영국	25개
7	한국	15개
15	브라질	7개

기업의 매출은 천문학적이 되었다. 시장을 지배하는 기업들은 동종의 작은 기업들을 인수 합병하면서 더욱 커지고 있다. 예를 들어 1990년대까지만해도 소니, 파나소닉, 산요, 도시바, 아이와, 지멘스, 노키아, 모터롤라 등 수많은 전자회사가 있었으나 각국의 시장개방으로 경쟁에서 밀리거나 미래 전략에서 삐끗한 회사는 도태되었다. 지금 전 세계의 어디를 가도 전자제품 시장에서 다른 브랜드는 보이지 않고 삼성전자와 LG전자의 두 회사로 재편되었다. 전 세계를 장악한 삼성전자와 LG전자는 다른 한국산 중소기업의 전자부품이나 제품에 대한 바이어들의 신뢰도를 높인다. 브라질 바이어는 삼성전자나 LG전자에 납품하는 중소기업에 대해 처음 만나더라도 신뢰의 눈빛을 보낸다. 만약 우리가 여러 분야에 걸쳐서 세계적인 글로벌 기업을 갖고 있으면 여러 업종의 중소기업들이 전 세계에 진출하는 데

기여할 것이다. 또한 점차 단품보다는 여러 부품이 모인 집합체(모듈)로 수출하는 추세이기 때문에 전 세계에 잘 알려진 한국의 대기업이 한국의 중소기업의 제품을 모아서 모듈 형태로 수출하면 바이어들이 신뢰할 것이다. 브라질의 1차 산업이나 금융 대기업은 제조업과 딜리 해외 진출이나 국내 산업 육성에 기여하는 효과가 적다.

브라질은 중상주의에서 벗어나지 못했다는 비판을 받는다. 브라질에는 17세기 포르투갈이나 스페인의 절대주의 문화가 유입되어 계층화된 계급 구조를 이어받았다. 왕실이 국가의 경제 활동을 관리하는 중상주의도 있었다. 중상주의는 국가가 기업의 경제 활동에 대해 허가, 독점 특허, 무역특권 등으로 규제하여 기업의 경쟁력을 저하시켰다. 또한 국가와 기업의 유착은 소수 특권 그룹에 혜택을 주었다.

근대에 들어서 국제경제는 국가의 개입을 최소화하고 시장원리에 맡기며 기업의 자율성을 보장하고 규제를 완화하며 자유무역이 강조되는 자유주의 또는 신자유주의로 전환되었지만 1991년까지 브라질은 국가가 세운 우편, 통신, 광물 채취, 금융, 발전, 항공기 생산 등에서 파산 걱정이 없는 국영 기업이 경영했다. 이후 국영 기업들이 민영화되기 시작하였으나 아직도 주요 산업은 소수 기업들이 독과점하고 있다. 브라질에 진출한 기업은 브라질 정부를 움직여서 경쟁 품목의 수입을 막기 위해 수입관세율을 높인다든지 인허가를 받도록 하는 등 새로운 진입 장벽을 친다.

브라질 경제는 국제 시세의 변동이 큰 농산물과 광물이 이끌었다. 브라질은 사탕수수, 고무, 광물, 커피, 석유, 광물, 바이오 연료 등의 자원으로 성장한 나라이다. 1879~1912년에는 아마존 고무나무에서 고무를 채취하는 산업이 호황이었다. 이후 종자가 동남아시아도 퍼져서 브라질 고무 산업은 쇠퇴했다. 다음으로 사탕수수가 브라질 경제를 이끌었다. 북동부 지역에서 노예를 이용하여 재배하였고 브라질에 많은 부를 가져다주었다. 브라질이 노예제를 전 세계에서 가장 늦게까지 유지했던 것은 사탕수수와 커피 농사에 필요한 노동력 때문이었다. 그러나 사탕무에서 설탕을 채취하면서 브라질의 사탕수수 산업은 호황기를 끝냈다. 커피는 브라질이 전 세계에서 가장 많이 생산한다. 상파울루라는 도시가 세계적인 도시로 커진 것도 커피 산업이 확장되면서부터이다. 한편 광물은 금, 은, 다이아몬드 등 보석류가 18세기부터 계속 브라질에서 채취되어 유럽으로 팔려 나갔다.

브라질은 농산물과 광물 등 1차 산품을 수출하여 확보한 외화로 필요한 소비재를 구입해 왔다. 그런데 1차 산품의 국제 시세는 매우 불규칙적이다. 국제 시세가 높을 때는 좋지만 낮을 때는 대외채무를 갚거나 제품을 수입할 외화가 부족해진다. 20세기 초부터 브라질의 고질적인 대외채무 불이행 선언을 하게 된 배경이다. 커피 농사가 풍작일 때는 국제 가격이 떨어질 것을 우려해서 정부가 구매해서 대서양에 버리기도 했다.

수입 대체 산업은 브라질 기업의 경쟁력을 떨어트렸다. 브라질은 외화 지출을 줄이기 위해 1946년부터 제품의 수입을 막고 대신 제품을 국내에서 생산하기로 한다. 이것이 1930년대에 시작한 '수입 대체 산업 육성 정책'이다. 그러나 내수가 확실한 상황에서 외국 제품과 경쟁할 필요가 없어지면서 브라질의 산업은 경쟁력을 잃어 갔다. 폐쇄적인 산업 정책은 기득권 기업에게 독과점적 이윤을 제공했다. 독과점 기업은 정부에 의해 높은 수입 관세와 비관세 장벽으로 보호받았다. 아직도 품질이 떨어지는 제품을 실생활에서 쉽게 볼 수 있다. 새로 구입한 지 얼마 안 되는 차의 와이퍼가 동작 중에 뒤집어지거나 소리를 낸다. 냉장고의 냉동 칸은 주기적으로

1차 산업 중심의 경제 발전 역사

고무
– 1878~1912년 고무 붐 – 아마존 북부 부를 제공 – 1910년까지 브라질이 독점

사탕수수
– 1530년 북동부 경작 시작 – 세계 2위 사탕수수 생산국 – 사탕수수→바이오매스,   에탄올 생산

광물
– 세계 광물의 보고 – 니오븀, 탄찰석, 흑연, 철광석,   보크사이트 등

커피
– 1840년 커피 재배 시작 – 세계 1위 커피 생산, 수출 – 연간 평균 16억 톤 커피 생산

석유
– 세계 15위 원유 매장량 – 1985년 해양 석유 생산 시작 – 2004년 석유 자급 자족 선언 – 2015년 심해유전 개발

바이오 연료
– 1950년 바이오 디젤 연구 시작 – 전세계 바이오 에탄올의 1/3 생산 – 에탄올, 휘발유 혼합 연료 Flex   차량 대중화

성애 제거를 해 주어야 한다. 엘리베이터의 센서 버튼은 여러 번 눌러도 켜지지 않고 오르내리면서 벽에 부딪친다. 사각통에 든 뽑아 쓰는 휴지를 뽑으면 한 장씩 끊어지지 않고 다음 휴지가 계속 딸려 나온다. 페달로 뚜껑을 여는 쓰레기통은 페달을 밟으면 쓰레기통이 앞으로 고꾸라진다. 제품의 고유 기능에는 큰 문제가 없으나 치밀성이 떨어지는 것이 공통적인 문제이다. 높은 관세와 인증 비용 때문에 브라질에서 팔리는 한국산 화장품

은 한국보다 7배가 비싸다.

1990년대부터는 시장 개방을 통해 국산 제품의 경쟁력 제고를 시도하고 있다. 그렇지만 아직까지는 평균 수입관세율이 13.7%이고 FTA 체결국이 남미공동시장(Mercosur), 이집트, 팔레스타인, 이스라엘밖에 없을 정도로 보호무역의 성향이 강하다. 세계무역기구(WTO)에 따르면 2016년 기준 브라질이 세계무역에서 차지하는 비중은 1.1%에 불과하다. 세계은행(WB)이 발표한 무역 거래 환경 평가에서도 브라질은 전체 189개국 가운데 139위이다. 최근 들어서 브라질은 시장 개방이 늦어지는 점을 인정하면서 자유무역협상에 적극적인 자세를 보이고 있다. 브라질은 메르코수르 차원에서 유럽연합(EU), 태평양동맹(PA) 등과 FTA 체결에 주력하겠다는 뜻을 밝힌 바 있다.

자원이 많으면 제조업의 발전을 저해한다. 브라질은 중동 등 자원부국과 마찬가지로 자원을 팔아서 충분한 외화를 확보했기 때문에 제품을 해외에서 사 올 여유가 있었고, 넉넉한 외화 공급은 자국화 강세로 인한 수입 제품의 낮은 가격 때문에 자국의 제조업을 육성하지 못했다. 먼저 산업화를 시작한 영국도 북해 석유의 발견이 파운드화를 절상시켜 제조업의 수출 경쟁력을 약화시켰다. 오히려 자원이 없는 것이 축복일 수 있다. 이스라엘이 다른 중동 산유국과 차별되는 강한 IT, 신재생 에너지, 방위 산업을 갖고 있는 것은 석유가 나지 않기 때문이다. 인재만 있으면 되는 IT 소프트웨어 분야에서 세계적인 기술을 갖고 있다. 물이 부족해서 바닷물을 담수화하는 기술도 발달했다. 중동 국가와의 전쟁에 대비하여 방위 산업을 육성하여 수출 산업으로 키웠다. 그런데 이스라엘이 좋으면서도 한편 우려하는 것은 2009년부터 이스라엘 서쪽 지중해 지역에 발견된 대규모의 천연

사탕수수를 수확하는 모습

가스이다. 유대민족은 조금 여유로워지면 방탕하다가 선지자가 나타나 혼나고 다시 정신을 차리는 역사를 반복했기 때문에 천연 가스가 가져올 풍부함을 경계하는 것이다.

가부장적인 권위의 농촌 체계가 도시에 이식되었다. 서구는 장원 경제 → 상업혁명 → 도시 생성 → 산업혁명의 단계로 발전해 오면서 새로운 부유한 계층이 형성되었다. 그러나 브라질은 노예 노동에 의존하는 사탕수수, 커피, 대두, 옥수수 등의 대규모 농장을 가진 가부장적인 권위를 가진 남성 농장주가 브라질 경제와 정치 권력을 장악했다. 농촌의 대농장은 농장, 가게, 시장, 교회, 학교, 주택, 노예 거주지 등이 복합된 한 마을(Engenho) 이다. 도시가 생기면서 대농장주들은 정치적·경제적 힘을 바탕으로 도시에도 Engenho를 만들었는데 농산품 가공업과 관련된 중개업, 판매업, 물류업, 금융업 등이 핵심이었다. 그들은 평상시에는 시골에서 살고, 일이 있

지방도시 산업연맹의 회장, 부회장 전용 주차공간

을 때 도시에 왔지만 엄연한 도시의 막강한 의사 결정권자였다. 농장주들
은 머리 쓰는 일은 백인들의 일이고, 육체적인 일은 노예의 일이라고 생각
했다. 서구는 산업혁명을 거치면서 도시에 제조업 공장이 생겼지만 브라질
은 농업이 주력이었기 때문에 도시에도 농업 관련 산업이 만들어졌고 대
농장주의 영향력이 계속되었다. 예를 들면 상파울루에서는 커피 농장주가
지배 세력이었는데 3대 대통령인 Prudente de Morae는 커피 농장주 출신
이다.

　가부장적인 권위는 필자가 방문한 한 지방도시에서도 찾을 수 있었다.
이 도시의 산업연맹 회장은 모두 백인계 남자였고, 넉넉한 주차장에는 회
장과 부회장을 위한 주차공간이 별도로 있었다. 현대의 서구식 문화가 지
배하는 환경에서는 보기 드문 모습이다.

브라질 코스트

'브라질 코스트'는 브라질의 비능률을 말하는 용어이다. 브라질 코스트는 복잡한 노무 관리, 관료주의, 과도한 세금, 인프라 부족, 부패 등으로 요약된다. 이것 때문에 한 기업이 브라질에서 생산할 때 다른 나라에 비해 70%의 비용이 더 든다. "소련은 비능률이 있어야 소련이다."라는 말이 있었는데 구소련의 비능률의 원인은 권력과 영향력을 독점한 계층이 변화를 원치 않았기 때문이다. 브라질 코스트는 관료주의의 공무원과 기업들의 변화 거부와 법과 집행 체계의 일관성 부족 등의 결과이다. 테메르 신정부가 국정 개혁 청사진으로 제시한 '미래를 향한 다리(2015년에 발표한 테메르 정부의 국정 개혁 청사진. 인프라 투자 확대, 시장 개방 확대, 노동 시장 개혁, 세제개혁 등이 포함되어 있다.)'는 브라질 코스트를 혁파하기 위한 것이기도 하다.

브라질 코스트는 한 기업이 창업에서 판매하기까지의 전 과정에서 비용을 발생시킨다. 창업을 위한 기간은 길고 많은 서류가 필요하다. 노무 소송, 물류 비용, 금융 비용 등으로 생산비가 늘어난다. 건설노무자의 인건비는 한국의 1/3이지만 생산성이 떨어지고 건설 기간이 길어져서 싼 인건비의 효과를 상쇄한다. 노동자들은 고용주에게 많은 소송을 제기한다. 브라질에 진출한 한 한국 기업은 종업원이 2,700명인데 노동 피소 건이 450건이다. 노동법과 관례가 노동자 편향이고, 법이 까다롭다. 생산 제품의 유통도 철도 인프라 부족으로 트럭으로 운송하기 때문에 대량으로 운송하지 못하고 곡물의 경우는 손실이 많다. 최종 소비자에게 전가되는 세금도 많다.

행정 서비스의 관료주의도 비용을 발생시킨다. 민원인이 본인임을 입증하는 서류 제시가 꼬리를 물고 필요하다. 이러한 절차는 주재원들의 브라

브라질 코스트

창업
– 긴 법인 설립 기간(평균 107일) – 복잡한 회계 시스템 → 　회계사 고용 필수

생산
– 잦은 파업과 노무 피소 – 고용주는 인건비의 약 70% 추가 　지출 – 에너지, 통신 인프라 부족 → 　생산비용 상승 – 로컬 부품 업체 미비 – 높은 금리(20% 이상) – ANVISA(식품, 위생, 의료) 인증 　5개월~5년 소요

유통
– 강성 화물 연대의 잦은 파업 – 주별 상이한 세금 체제 – 항만, 철도 인프라 부족 → 　높은 물류 비용

소비
– 소비자에게 높은 세금 전가 　(10~50%) 　*자동차 가격의 42%는 각종 세금 – 긴 배송일

질 정착 시 운전면허 발급, 주택임대차 계약, 은행계좌 개설, 수입통관 등에 공통적으로 적용된다. 평균적으로 한국에 비해 세 배 이상의 시간이 소요된다. 다른 나라에서는 주재원들의 정착 기간이 2~3개월 정도 걸리는데 브라질에서는 6~8개월 정도 걸린다.

　물류 철도, 항만, 공항, 물류 센터 등 인프라가 부족하다. 특히 화물 이동에 필수적인 철도가 부족하다. 브라질은 내륙에서 생산된 곡물과 광물을

주요 대국의 교통 인프라 비교

구분	브라질	중국	인도	러시아	미국
국가 면적(km²)	8,500만	9,600만	3,300만	1억 7,100만	9,100만
포장도로(천km)	219	1,576	1,569	776	4,375
철도(천km)	29	86	64	87	225
파이프라인*(천km)	19	87	35	260	2,225
수로(천km)	14	110	15	102	41

*자료원 : 세계은행(2014)
파이프라인은 에너지·연료 수송 라인. 수로는 내륙수로로서 하천·운하·강 등 선박이 항행할 수 있도록 정비된 바닷길
을 의미한다.

항구로 곡물을 싣고 가는 트럭 행렬
*자료원 : Gazeta do Povo

117

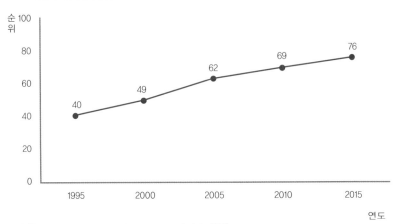

브라질 부패지수 순위

순위 100

80
76

69

62

60

49

40

40

20

0

1995　　2000　　2005　　2010　　2015

연도

*자료원 : Transparency International Corruption perception Index(2016)

트럭으로 동부의 항구까지 운반하여 수출한다. 트럭으로 운반되는 곡물의 경우 손실률이 26%에 달하는데 전문가들은 철도를 건설하여 운송하면 손실률을 2%로 줄일 수 있다고 말한다.

　정경유착의 부패도 브라질 코스트이다. 브라질의 2015년 부패지수 순위는 176개 나라 중 76위이다. 매년 악화되어 왔다. 부패의 원인은 '정치 자금 조달의 필요성', '가벼운 처벌 또는 무처벌', '절차의 투명성 부족', '폐쇄적 지역 정치', '공공과 민간 유착' 등 시스템적인 것이다. 부패는 경제 성장을 축소하고, 일부 계층에 부당 이득이 돌아가게 하며, 소득의 불평등과 사회적 비용을 가져온다. 최근 IMF의 연구 결과에 따르면 브라질에서 부패만 없다면 1인당 GDP가 30%는 늘어날 것으로 추산했다. 브라질에 진출한 우리 기업들도 부패에 대한 불안감을 나타내기도 했다.

　정부 발주와 같은 큰 사업권 획득 과정에서 대기업에 특혜가 돌아갈 경우, 중·소기업의 입장에서는 경쟁에 대한 불안감이 있다. 세금 부담이 너무 크고 부당하게 적용된다. 세금이 체납될 경우 연방경찰이 사무실 수사를 통해 벌금을 매기는 과정에서 돈을 요구하기도 한다. 최근 전자세금 계산 방식이 도입되어 효과를 내고는 있지만, 여전히 납세와 벌금 또는 뇌물 중에서 선택을 강요받는 경우가 있다.

탈세를 하지 않는 기업이 탈세를 하는 기업보다 경쟁력이 떨어질 수 있다. 탈세 기간이 길어지면 탈세 기업은 결국은 처벌을 받겠지만, 단기간의 탈세를 이용해 이익을 보고 빠지는 방식의 기업 운영을 하는 중국 등의 기업이 있다. 영세 기업은 부패로 특별히 피해를 받는 경우가 많지 않지만, 부패 방지 대책의 실행에 따른 사업 환경의 급격한 변화로 인해 피해를 본다. 예를 들면 원단을 수입하는 의류 업체들은 기존의 거래 방식인 오프라인 방식으로 일처리를 하다가 새롭게 도입된 온라인 방식에 적응하는 데 어려움을 겪는다. 브라질의 부패는 국가의 신용도를 하락시키고, 외국 기업의 현지 진출을 주저하게 한다. 진출 시에도 비용을 증가시키는 요인이 되기 때문이다.

최근의 대형 사건은 정계와 경제계를 강타한 라바자투 사건이다. 국영석유회사 페트로브라스와 하청 기업들이 페트로브라스에 장비를 납품하거나 정유소 건설 사업 등을 수주하는 대가로 거액의 뇌물을 건넨 사건이다. 10여 개 하청 기업이 페트로브라스 경영진과 짜고 금액을 실제보다 부풀려 계약을 체결한 후 자금 세탁 과정을 거쳐 집권당에 전달하여 선거자금으로 사용하였다. 룰라 대통령 등의 정치인과 주요 대형 건설사 다수가 비리 혐의로 기소되었다.

얼마 전에는 브라질의 핵심 수출 산업인 축산에서 부패고기 유통 사건이 터졌다. JBS 등 육가공 업체들이 위생검사 공무원들을 매수하여 불량이나 유통기간이 지난 고기를 검사할 때 위반 사항을 눈감아 준 것이다. 육가공 업체들이 제공한 뇌물이 우파 정당인 브라질민주운동당(PMDB)과 진보당(PP) 등에 흘러 들어갔다. 현직 테메르 대통령도 연루된 사실이 밝혀졌는데 대통령은 육류 수출 업체 JBS 대표와 만나서 뇌물수수 혐의로 복역 중인 전 하원의장에게 입막음용으로 금품을 계속 제공하라고 발언한 녹음이 공개되면서 퇴진 압박을 받고 있다.

북동부의 한 도시에서는 한 외국 기업이 쓰레기 매립장을 폐기물 열병합발전소로 개발하려는 계획을 세우고 설계까지 마쳤으나 시장이 용도 변경을 승인해 주지 않아서 사업이 무산되었다. 소문에 의하면 시장이 쓰레

'기업하기 좋은 나라' 순위

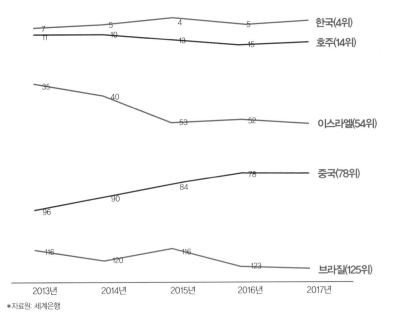

	2013년	2014년	2015년	2016년	2017년	
한국(4위)	7	5	4	5		
호주(14위)	11	10	13	15		
이스라엘(54위)	35	40	53	52		
중국(78위)	96	90	84	78		
브라질(125위)	116	120	116	123		

*자료원: 세계은행

120

기 매립장 운영자에게 뇌물을 받아 왔는데 없어지면 돈줄이 끊길 것을 우려했기 때문이라고 했다.

브라질 코스트는 결국 물건을 구입하는 브라질 소비자에게 모두 전가된다. 기업들은 브라질 코스트를 생산 제품의 원가에 모두 얹기 때문이다. 기업들이 브라질에서 사업하기가 어렵고 비용이 많이 든다고 하면서도 브라질에서 계속 사업을 하는 배경이다. 비용보다 이익을 낼 수 있다면 전쟁터에도 진출하는 것이 기업이긴 하다.

브라질 코스트로 브라질의 기업 환경은 쉽지는 않다. 세계은행의 '기업하기 좋은 나라' 순위에서 브라질은 125위로 평가됐다. 이 평가는 국가별로 기업 생애주기에 따라 창업에서 퇴출에 이르는 10개 분야에서 설문 조사와 법령 분석을 통해 비교·평가한다. 기업을 만들고 정리하는 과정에서 관련 제도가 얼마나 기업 친화적인지를 보는 것이다. 참고로 한국은 세계 4위로 평가됐다.

비효율 인프라의 비용

도로가 격자형으로 반듯반듯하게 건설되어 있으면 한 곳에서 다른 곳으로 이동할 때 예측성이 높아져 이동에 필요한 투입과 산출을 정확하게 얻을 수 있다. 목표는 바로 앞에 있는데 가는 길이 구불구불하면 방향감각을 잃기 쉽고, 심하면 찾기를 포기한다. 비효율적인 인프라는 이를 가동시키는 도시 행정의 경쟁력도 악화시킨다.

스페인 식민도시의 중앙광장 주위에는 통치를 위한 공공건물과 대성당

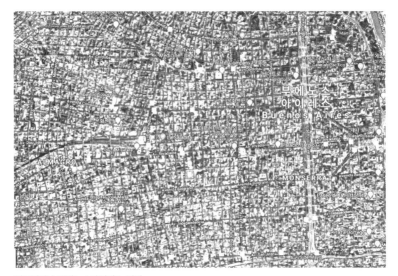

아르헨티나 부에노스아이레스 시내

브라질 상파울루 시내

이 있고, 이어서 엘리트 관료들의 거주 주택들이 배치된다. 대로는 중앙광장을 기점으로 동서남북으로 도로가 뻗는다. 도로망은 격자형이다. 예를 들어 아르헨티나의 수도인 부에노스아이레스 시내 도로의 격자형 블록의 길이가 가로세로 각각 100미터여서, 지도에서 목적지를 선택하면 이동거리를 쉽게 계산해 낼 수 있다. 원래부터의 번듯한 체계 덕택에 지금도 교통흐름이 비교적 괜찮고 이동도 쉽다.

반면에 브라질의 대표적인 도시이자 해안도시인 상파울루와 리우의 도로는 반듯한 느낌이 없고 좁고 구불구불하니 혼란스런 모습이다. 이렇게 된 이유는 계획도시가 아니고 난개발되었기 때문이다. 또한 식민지 시절 유럽에서 상대적으로 힘이 약한 포르투갈은 브라질을 선점했으나 프랑스와 네덜란드가 수시로 브라질을 탐내며 기웃거려서, 이들이 공격해 왔을 때 진격을 느리게 하기 위해 좁고 구불구불한 도로를 건설했다. 또한 전쟁이 없었던 브라질은 도시가 파괴되지 않았다. 그래서 도시들은 기존의 체계에 도시계획 없이 구불구불한 도로를 바탕으로 도로를 추가적으로 건설한 것이다. 도시 자체도 적의 함대가 오는 것을 볼 수 있도록 대서양이 보이는 높은 곳에 위치해 있는데 상파울루는 해발고도 700m에 위치해 있다.

상파울루는 오피스 빌딩과 주거용 아파트가 빽빽이 섞여 있어서 주거환경이 좋지 않다. 밤낮으로 계속되는 개·보수 공사와 청소차량의 이동으로 인한 소음, 빌딩 옥상에 오르내리는 CEO가 탑승한 헬리콥터의 요란한 소리, 밀집된 빌딩으로 인한 사생활 침해 등의 문제가 있다. 시내 도로의 노면은 매우 울퉁불퉁하다. 오히려 지방 도시의 도로가 더 깔끔하다. 통신선이나 상·하수도 시설의 개·보수가 한꺼번에 이루어지지 않고 개별적으로 여러 차례 계속되기 때문이다. 1980년대까지만 해도 서울의 보도와 도

상파울루 도심의 모습

로에서 뜯고 때우기를 반복했던 것과 같다.

브라질리아는 1960년에 인위적으로 건설된 브라질의 수도인데 20세기에 인위적으로 만들어진 유일한 도시이다. 브라질의 세계적인 건축가 오스카 니에마이어는 첨단 문명의 상징성을 위해 도시를 비행기 모양으로 설계했다. 브라질의 근대화를 선두에서 이끌어 가는 정부를 상징적으로 나타내기 위해 국회의사당, 행정부, 대법원을 비행기의 기수 부문에 배치했다. 이 도시는 브라질의 지역 균형 발전에 기여했다고 평가받지만 사람들이 쾌적하게 살기 어렵다. 광장, 보도 등이 없이 자동차 중심으로 건설되어서 사람들이 서로 교류할 수 있는 공간이 없기 때문이다. 인구 40만 명을 염두에 두고 설계했는데 현재 브라질리아의 인구는 291만 명(2015년 7월 기준)으로 늘어나기도 했다.

외형이 내형을 지배한다. 외형은 틀이고 내형은 사고방식이라면 비효율적인 도로를 매일 이용하는 사람들의 사고방식도 복잡해지고 비효율이 된다. 인프라 체계가 번듯해야 국민들의 사고방식도 번듯하게 발전한다. 국가가 모든 국민을 원하는 방식대로 생각하도록 일일이 교육할 수 없다. 각자 생업이 있는 국민들을 매일 모아 놓고 교육시키는 것은 물리적으로 불가능하다. 대신, 국가의 목표를 달성하기 위해 복잡하지 않은 합리적인 외형과 내형의 틀로 국민들을 적응시키면 나중에 국가가 필요할 때 국민의 지지와 노력을 쉽게 끌어내기가 쉬울 것이다. 좋은 틀로 자연스럽게 국민을 반복적으로 교육 또는 훈련시키는 것은 계몽이고, 반대는 선전이다.

07

경제적 양극화와
그것을 위로하는 방식

정치적 양극화

사회는 순응과 저항을 통해서 변한다. 가진 사람은 자발적으로 양보하지 않는다. 가진 사람은 다가오는 환경 변화에 대한 정보를 갖고 있기 때문에 조금 양보하면서 피해를 줄일 수 있다. 약자는 조금 양보받은 것을 승리로 생각하지만 근본적인 문제는 해결되지 않는다. 브라질의 양극화가 지속되는 배경이다. 브라질 체계의 문제는 정치적 불안정, 경제적 빈곤, 사회적 불평등의 3가지로 요약된다. 계층 간의 양극화가 핵심에 있다. 상류층의 백인과 하류층의 혼혈·흑인의 '이중사회'로 굳어졌다. 이중구조는 정치, 경제, 사회 등 모든 분야에 뿌리 깊게 박혀 있다. 양극화는 사회의 조화를 깨서 사회적 비용을 증가시키고 국가사회 발전을 저해한다. 결국 돈과 권력이 있는 사람도 피해를 입는다. 정치적·경제적·사회적 양극화가 심하면 소수의 사람들에게 권력과 부가 집중되어서 그렇지 않은 사람들은 스스로 문제를 해결할 능력이 없어진다.

중앙정치는 26개 주 중에서 미나스제라이스, 히우그란두술, 상파울루, 리우 4개 주가 경쟁하면서 이끌어 왔다. 이곳 4개 주에서 역대 대통령 35명 중 23명을 배출했다. 그래도 중앙정치는 점진적으로 발전해 왔다. 젊은 군인들이 유럽의 실증주의와 공화주의 이념에서 브라질을 왕정에서 공화정으로 전환시킨 전통이 있다. 지우마 대통령이 합법적인 절차에 따라 탄핵된 것은 정치 발전을 보여 준다.

그러나 지방정치는 오래전부터 지역 토호 격인 유력 정치 가문이 좌지우지했다. 마라냥(Maranhã) 주의 Sarney 가문, 알라고아스(Alagoas) 주의 Collor 가문, 바이아(Bahia) 주의 Magalhões 가문 등이 대표적이다. 특히 낙후된 북동부 지역에서 문제가 더 심각하다. 26명의 주지사들은 유럽계의 집안이 좋고 젊은 백인 미남들이라는 것이 특징이다. 한 가문에서 가문의

Fernando Collor de Mello의 주요 경력

연도	경력
1979~1983년	Maceió 시장
1983~1987년	연방 하원의원
1987~1989년	Alagoas 주지사
1990~1992년	브라질 대통령
2007년~현재	연방 상원의원

네트워크를 이용하여 의원, 시장, 주지사가 배출한다. 의사 결정도 가문에서 결정된다. 연방상원 81명 중에서 혼혈·흑인은 5명이고, 연방하원 513명 중에서는 103명이다. 2016년 3월 미나스제라이스 주에서 열린 명예영사 임명식에는 전·현임의 도지사, 시장, 의원, 경제계 인사 등 지도층 인사 200명이 참석했다. 모두 유럽계 백인이었다. 혼혈은 음식을 나르는 사람밖에 없었다.

브라질 정치는 세습적인 모습이 있다. 특히 북부와 북동부 등의 가난한 주에서 이러한 현상을 보인다. 대표적 인물로 대통령 임기 중인 1992년에 탄핵된 Fernando Collor de Mello(1949년생)가 있다. 그는 북동부 Alagoas 주에서 정치적 영향력이 막강한 Mello 가문에서 태어났다. 할아버지는 주에서 대농장주였고, 아버지는 주지사와 상원의원을 20년 이상 역임했다. 그의 가문은 주의 최대 일간지와 TV 방송국 등이 계열사인 Organizacoes Arnon de Mello 그룹을 소유하고 있다. 그는 가문의 후광으로 대통령부터 시장까지 안 해 본 고위직이 없다.

민주주의 브라질에서 이와 같은 정치적 세습이 가능한 이유는 국민의 대다수를 차지하는 빈민층이 정치에 무관심하기 때문이다. 브라질을 포함한 남미에서는 '아는 나쁜 사람이 모르는 좋은 사람보다 낫다.'는 말이 있다. 빈민층은 정치인들이 제시하는 정책보다는 자신이 사는 곳에서 잘 알려졌거나 이름이 익숙한 사람에게 투표한다. 정치 개혁도 현실적으로 어려운 가운데 권력과 돈을 갖고 있는 기득권층이 상·하원을 장악하고 있어서 개혁 법안을 통과시켜 주지 않기 때문이다.

2016년에 6월 필자가 브라질의 한 지방도시를 방문했을 때 시장, 장관, 의회 의장들과 저녁식사를 했다. 한 참석자는 "지금 시장은 1990년 말에 주지사를 했는데 세 번 연임 금지 때문에 물러나서 상원의원을 했다. 오는 10월 선거에서 다시 주지사로 출마할 것이다. 그리고 여기 의회 의장이 시장이 될 것이다. 현주지사는 세 번 연임 금지 때문에 상원의원이 될 것이다."라고 말했다. 선출직은 이런 식으로 자기들끼리 정해 놓는다.

경제적 양극화

도시와 지방, 백인과 혼혈·흑인, 상류층과 하류층의 소득 격차가 크고 간격이 더욱 벌어지고 있다. 브라질 토지의 46%를 1.6%의 인구가 소유한다. 월 평균 가구 소득이 2,034헤알(71만 원) 이하인 가구가 전체의 66%이고 인구의 30%인 6,100만 명이 신용불량자이다. 상류층은 많아지는데 상위 10%가 전체 소득의 54.3%를 차지한다. 지역 간 경제력의 차이도 크다. 상파울루와 리우가 있는 남동부 지역이 브라질 경제력의 70%를 차지하는 반면 3,600만 명이 사는 북동부 9개 주는 가장 가난한 지역이다.

공원, 영화관 등에서 여유로운 생활을 즐기는 사람은 대부분 백인이다. 반면에 관리와 청소는 혼혈·흑인이다. 백인들은 부를 상속받고 정규 교육을 받았기 때문에 조금만 노력하면 안정된 생활을 한다. 강도로부터 보호하기 위해서 감옥 같은 집에서 산다. 과거 노예주와 노예의 집이 근처에 같이 있었듯이 오늘날에는 부촌과 빈촌이 바로 이웃하여 공존한다.

부자들은 노상강도를 피하기 위해서 헬리콥터로 이동한다. 부자들의 애완동물 사랑은 대단한데 애견 놀이방, 애견 스파 등 다양하다. 애견이 빈민보다 안락한 생활을 한다. 도로에서는 노숙자가 흔히 보인다. 신호 대기를

브라질의 가계소득 분배

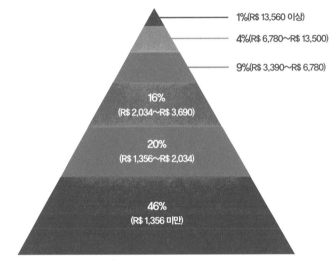

1%(R$ 13,560 이상)

4%(R$ 6,780~R$ 13,500)

9%(R$ 3,390~R$ 6,780)

16%
(R$ 2,034~R$ 3,690)

20%
(R$ 1,356~R$ 2,034)

46%
(R$ 1,356 미만)

＊자료원 : IBGE(브라질국립지리통계원), 2013년
소득 미신고자로 인해 4% 누락

도시와 붙어 있는 빈민촌

위해 차량이 횡단보도 앞에 서면 얼굴에 광대 분장을 한 어린아이들이 공 돌리기 쇼를 한다. 아이를 업은 미혼모도 차창 옆에서 구걸의 손을 내민다. 휠체어에 탄 사람도 이차 저차를 다니며 구걸한다.

빈민층의 대부분은 흑인 또는 인디오 원주민계 혼혈이다. 청소원, 경비원, 배달원, 가사 도우미, 공장 노동자, 기사(헬리콥터 조종사 제외) 등의 노동자이다. 평균적으로 월 급여는 1,400헤알(49만 원)을 받는데 생활비로도 빠듯해서 저축은 어렵다. 흑인 또는 혼혈은 빈곤하게 태어났기 때문에 빈곤하게 산다. 교육 수준이 낮아서 소득이 낮다. 그나마 낮은 소득으로 생활할 수 있는 것은 이들만을 위한 의식주 환경이 있기 때문이다. 고급 식당에서는 햄버거 하나에 40헤알이지만 그 건너편의 간이식당에서는 15헤알에 판다.

같은 흑인이라도 피부색이 검을수록 더 하층민이다. 과거 아프리카에서 노예로 팔려 온 흑인은 사탕수수, 커피 농장 등에서 고된 일을 했다. 노예 해방이 되었어도 갈 곳이 마땅치 않아 농장에서 계속 일을 했기 때문에 신분 상승의 기회가 없었다. 반면에 원주민 인디오는 브라질의 원래 주인이었기 때문에 백인들은 브라질에 정착하는 과정에서 이들의 도움이 필요했다. 아프리카 흑인 노예보다는 덜 고된 일이 주어졌고, 온순한 사람들은 주인의 집안일을 도왔다. 배움의 기회도 갖게 되어서 신분 상승의 기회가 있었다.

백인이지만 룰라 대통령은 빈민층의 전형이다. 그는 1947년에 북동부 페르남부크 빈민촌에서 문맹인 부모 밑에서 태어났다. 어린 시절에는 그의 부모는 소득이 적었고 지역의 극심한 가뭄으로 끼니를 걱정하면서 살았다. 좀 더 나은 생활을 찾아서 그의 가족은 룰라가 7세 때 산토스로 이주했지만 배운 것이 없어서 거리에서 땅콩·타피오카·오렌지 등을 팔았고, 11세 때는 상파울루의 빈민가에 거주하면서 세탁소 점원, 구두 닦기 등을 하면서 용돈을 벌었다. 그는 쉬운 말로 사람들을 감동시켜 시정을 움직이는 능력으로 대통령까지 되었지만 나중에는 품격 없는 말 때문에 반대파로부터 비난을 받았다.

　부자들이 빈민층에 대해 가지고 있는 인식은 좋지 않다. 가난한 사람들, 특히 북동부의 사람들은 일은 하지 않으면서 정부의 보조금만 기대한다고 비난한다. 필자가 아는 한 유럽계 기업인은 지금은 노인인데 26세 때부터 매일 5시에 일어나서 지금도 하루에 12시간을 일하여 큰 기업과 12개의 계열 회사를 일구었고, 대규모 농장도 갖고 있다. 그는 열심히 일하는 것을 자부하면서 빈민층의 게으름을 지적했다.

빈곤층의 주거지, 파벨라

'파벨라(Favela)'는 19세기 중반에 리우에서 처음 등장했다. 브라질의 커피 산업이 침체되고 노예해방, 유럽의 산업혁명 등으로 실직한 유럽 이민자와 해방된 노예 등이 브라질 리우의 변두리에 몰려들어 집단 거주 지역을 형성하기 시작했다. 이들은 'Morro de Santo Antonio' 등과 같이 언덕 위에 살았는데 이곳에 '파벨라'라는 식물이 많아서 빈민촌을 파벨라로 부르게 되었다. 2010년 현재 브라질 전역의 6,300개 파벨라에 1,100만 명이 산다. 브라질 인구의 6%이다. 상파울루는 인구의 11%, 리우는 22%인 140만 명이 파벨라에서 산다.

산등성이에 있는 파벨라

파벨라 안에 있는 판자집

 2016년 6월에 무역관은 브라질 한인의사협회의 의사들과 함께 의료봉
사를 위해 상파울루 외곽에 위치한 400가구가 사는 파벨라에 갔다. 입구
는 한 줄로 들어가야 할 정도로 좁았고, 판잣집들이 다닥다닥 붙어 있었

다. 집은 단칸방과 부엌이 있고, 재래식 화장실은 집에 바로 붙어 있었다. 맨땅에 매트리스를 깔아 놓았고 그 위에서 잔다. 집들을 지나 마을 한가운데로 들어가자 마을 회관 격인 작은 공터가 있었다. 어른들은 느슨한 자세로 공터 주변에 앉아서 음악을 듣고 있었다. 아이들은 바람이 빠진 공으로 공놀이를 했다. 마을 안에 있는 개천물이 썩어서 쓰레기와 함께 악취가 마을을 뒤덮었다. 밀집된 주거 환경으로 남녀 간의 성적인 사고가 많다. 부녀자가 많은데 젊은 남자들이 사고를 치고는 돈 벌기 위해 도시로 떠나 버렸기 때문이다. 주민들을 진찰한 한인 의사에 따르면 기생충, 폐질환, 이비인후 질병 등 열악한 생활 환경이 원인인 질병이 많았다.

사회적 불평등

백발의 백인 노부부가 고급식당에서 편하게 식사하는 모습은 멋지지만 자신의 노력이 아니고 조상들이 노예를 이용해서 축적한 부를 물려받은 결과일 수 있다. 전 세계적으로 가장 늦게 노예제를 폐지한 브라질에서 계층 간의 격차는 오래된 일이다. 노예와 그 후손들은 백인들에 의한 착취의 결과, 삶의 기대 수준이 낮다. 하루하루의 노동으로 번 돈으로는 빈민층이 부자가 되기 어렵다. 노예 제도는 법적으로 폐지되었지만 실질적으로는 남아 있다. 불평등은 사회의 조직력을 약화시키고 노동자의 노동의욕을 크게 떨어트린다.

법적으로 인종 차별은 없지만 사회적으로 편견은 남아 있다. 백인의 내면에는 혼혈·흑인에 대한 우월의식이 있다. 브라질은 19세기 유럽에서 유

브라질의 인종별 인구

인종	1872년	2010년
백인	38.1%	47.7%
흑인	19.7%	7.6%
흑백혼혈	38.3%	43.1%
동양인	-	1.1%
원주민	3.9%	0.4%
기타(누락)	-	0%
합계	100%	100%

*자료원 : IBGE(브라질국립지리통계원)

행하던 백인이 다른 인종보다 우월하다는 과학적 인종주의에 근거해서 이민자 백인과 브라질 원주민이나 흑인을 계속 섞어서 하얗게 만드는 인구 정책이 있었다. 통계적으로도 이 혼혈 인구가 증가했다. 인구 통계는 1970년대(군정) 시대에는 인종 통계의 조사를 중지했다. 인종별 불평등을 공식 확인하게 되면 취약한 인종에 대한 지원 정책을 요구받을 것을 우려했기 때문이다. 1872년과 2010년의 인구 통계를 보면 백인, 흑백혼혈, 동양인은 증가했고 흑인은 감소했다. 사회적으로 불이익을 받는 흑인보다는 피부에 조금이라도 여지가 있으면 백인이나 흑백혼혈로 신고하기 때문이다. 한국인과 함께 중동인, 일본인, 중국인 등의 동양인 증가도 눈에 띈다.

브라질에는 치과의사가 아주 많은데 치과의사가 환자의 썩은 이를 빼내고 인공 이를 넣는 일을 수십 년 반복해 왔다면 그 일은 그에게 평범한 일

주요 나라의 3차 교육 진학률

순위	국가	진학률(%)
1	한국	98.4
2	미국	94.3
3	핀란드	93.7
75	브라질	25.5

*제3차 교육 진학률(Tertiary) : 15~24세 남녀의 대학교 등 성인 교육 기관 진학률
  자료원 : World Economic Forum, 「The Human Capital Report(2015) 」, CIA World Fact Book(2013)

이다. 목수가 부서진 창문을 떼어 내고 새 창을 넣는 것과 크게 다르지 않다. 치과의사나 목수 모두 각자 일이 체화되어 반복적으로 수행하고 있다면 그들의 노동 가치는 같다. 그런데 일에 대한 보수는 차이가 난다. 그 원인은 치과의사가 되기 위해서는 목수보다 더 오랜 기간 교육을 받아야 기술을 습득할 수 있기 때문이다. 교육을 통해서 기술을 독점하는 것이다. 오랜 기간 동안 교육을 받기 위해서는 집에서 재정적인 지원이 필수이다. 브라질의 저소득층은 고등 교육을 받지 못했기 때문에 고소득의 직종을 가질 수 없다. 집이 가난하여 고등 교육을 감당할 수 없는 것인데 빈민층의 어린 아이들은 허드렛일이나 집안일을 도와서 조금이라도 가계에 보탬이 되어야 한다. 1970년대 우리나라 시골의 초등학교에서 집의 농사일이 바쁠 때는 아이들의 결석이 잦았다. 그 이유는 부모와 함께 논이나 밭일을 돕거나 아니면 어려서 직접 일을 못하면 일 나간 부모를 대신해서 어린 동생이라도 봐야 했기 때문인데 지금의 브라질이 그런 것이다.

  혼혈·흑인은 초·중등의 의무교육만 받기 때문에 사회적 지위는 고등 교

사회적 지위

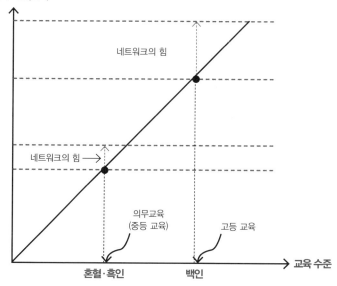

사회적 지위(권력)

네트워크의 힘

네트워크의 힘 →

의무교육
(중등 교육)

고등 교육

혼혈·흑인   백인

교육 수준

육을 받은 백인보다 낮다. 브라질의 3차 교육 진학률이 25.5%(세계 75위)로 낮다. 한국의 98.4%와 비교된다. 과거부터 브라질 사회는 교육을 잘 받은 잘사는 백인과 교육을 받지 못한 못사는 혼혈·흑인으로 구분되어 있다. 정부가 처음부터 고등 교육을 받을 계층과 그렇지 않을 계층을 구분했다. 감옥도 대학 출신용과 그렇지 않은 사람용이 별도로 있다.

혼혈·흑인은 교육 수준이 낮기 때문에 사회적 지위도 낮다. 반면에 백인은 고등 교육을 받기 때문에 사회적 지위가 높다. 유럽계 백인 중심의 네트워크 사회에서는 백인과 혼혈·흑인이 같은 수준의 교육을 받았다고 하더라도 백인이 더 높이 성장한다. 미래에는 상상력과 창의력이 핵심적인 역할을 하고 고등 교육은 이 역량을 키우는 방법이기 때문에 고등 교육 진학율을 높이는 것에 브라질의 미래가 달려 있다.

브라질은 인종·지역 간 격차를 줄이기 위한 정책을 도입하기 시작했다. 룰라 대통령 때인 2009년부터 공립대학에 저소득층 자녀 쿼터를 부여하고, 자녀를 학교에 보내야 생활보조금을 주는 빈곤층 생계수당 지급 정책이 시작되었다. 과거에도 공공 교육기관의 수업료는 무료이지만 저소득층 아이들은 생계를 위해 일해야 했기 때문에 학교에 갈 여유가 없었다. 2017년 상파울루 주립대는 저소득층과 혼혈·흑인의 입학을 늘리기 위해 공립학교 출신의 비율을 2018년 37%에서 2021년에는 50%로 높이고, 흑인과 흑인혼혈, 인디언 등 유색인종의 입학 쿼터 비율도 2018년 14%에서 2021년 19%로 늘릴 계획이다.

치안 불안

브라질 대도시에서는 권총 강도, 납치, 소매치기 등의 사건이 자주 발생한다. 강도는 주택의 경비원이나 가사 도우미와 짜고 사건을 일으킨다. 2016년 7월에는 유명한 자동차 경주대회인 '포뮬러 원' 회장의 장모가 상파울루에서 납치되어 몸값으로 417억 원을 요구받다가 풀려났다.

브라질공공치안포럼(FBSP)에서 발표한 자료에 따르면 2016년 브라질에서 살해된 사람 수는 6만 1,619명으로 1945년 일본 나가사키 지역 원자폭탄으로 죽은 피해자 수와 비슷한 수준이다. 경찰과 폭력조직의 총격전도 자주 발생한다. 상파울루 인근 2개 도시에서 2015년 8월 총격 사건이 일어나 경찰의 총격으로 괴한 18명이 사망했다. 이 사건 이전에 경찰관 2명이 이

시내의 경찰

들 괴한들로부터 총격을 받아 살해당한 것에 대한 경찰의 보복이었다. 국 제엠네스티는 2015년 8월 발표한 보고서에서 지난 5년간 리우에서 발생한 살인사건 가운데 최소한 16%가 현직 경찰에 의해 벌어졌으며 사망자 수 는 1,519명에 이른다고 밝혔다. 번화한 도심의 도로에는 경찰이 항상 지키 고 있다.

경찰이 강도를 잡기보다는 현장에서 사살하는 경우도 많다. 강도가 총 을 갖고 있기 때문에 불가피한 면이 있지만 범인을 잡아도 형량이 짧아 바 로 풀려나기 때문에 현장에서 해결한다는 생각이 있다. 초범은 인권 우선 의 판결 때문에 재판 기간 정도만 수감 생활을 하면 바로 풀려난다. 교도 소 인프라도 부족해서 죄수들 수용에 한계가 있다.

시민들의 범죄 대비는 일상화되어 있다. 모든 아파트와 상업 건물에는 사람과 차를 위한 출입문을 경비원이 24시간 지킨다. 주민이나 차량이 출 입문에 들어서면 경비원은 주민임을 확인한 후 첫 번째 문을 열어 준다.

주요 대도시의 실업률

도시	흑인 남성	비흑인 남성
브라질리아	13.2%	11.3%
포르투 알레그리	12.4%	7.8%
살바도르	17.3%	13.7%
상파울루	13.7%	11.2%
포르탈레자	7.8%	7.8%

*자료원 : DIEESE 2015. 흑인은 흑백혼혈 포함하며, 비흑인은 백인이나 동양인

두 번째 문은 첫 번째 문이 닫혀야 열린다. 첫 번째와 두 번째의 문 앞에서 10초 정도 기다려야 하는데 한국인에게는 긴 시간이다. 주거용 건물 방문 시 경비원이 인터폰으로 집주인에게 확인받은 후에 출입이 가능하며, 상업 건물 방문 시에는 신분증 제시와 함께 사진까지 찍어야 한다. 도시의 모든 상업용과 주거용 건물에서 사람과 물건이 이동할 때마다 이렇게 점검한다. 이는 경제 활동을 좌절시키거나 늦추는 요인이다.

치안 불안의 사회적 비용이 크다. 보안 인력과 시설 유지를 위한 비용이다. 브라질 정부가 2014년에 발표한 자료에 따르면 치안 불안에 따른 사회적 비용은 국내총생산의 5.4%인 2,580억 헤알(86조 원)이다. 기업들의 피해도 크다. 브라질 최대 경제단체인 전국산업연맹에 따르면 2016년 기업들이 치안 관련 피해액, 보험료, 경호비 등을 합한 규모가 270억 헤알(9조 6,000억 원)에 달한다고 밝혔다. 조사 대상 기업의 30%가 피해를 경험했다. 브라질에 사는 유대인은 10만 명인데 치안 불안 등의 이유로 이스라엘로

떠난 인구가 1만 명에 이른다.

치안 불안의 근본 원인은 빈부 격차가 큰 상황에서 하위 계층의 청년들이 일자리를 구하지 못하기 때문이다. 많은 범죄가 혼혈·흑인의 남성이 저지르는데 주요 도시에서 이들의 실업률은 백인보다 높다. 직업이 있어도 교육 수준이 백인보다 낮아 소득이 적다. 그들 부모의 소득이 낮아서 제대로 된 생활이나 교육을 받지 못했다. 결국 조직폭력집단에 가입하여 마약 거래를 하거나 강도 등으로 살아가는 것이다. 각종 사건의 범인들은 빈민층 밀집 지역인 파벨라 출신이다. 노력으로 빈곤 탈출이 쉽지 않은 사회여서 강도들은 범죄에 대한 죄책감이 크지 않다.

국민소득이 낮고 실업이 많으면 도둑도 많다. 1960년대 한국은 못살았고 많은 청년은 잠재적 실업 상태에 있었다. 당시 브라질에 이민 온 교포에

국가별 지니 계수 순위

순위	국가	지니 계수(%)	기준 연도
1	코모로	64.3	2004년
2	남아프리카공화국	63.4	2011년
3	나미비아	61.3	2010년
4	아이티	60.8	2012년
5	보츠와나	60.5	2009년
13	브라질	52.9	2013년
129	한국	31.3	2007년

*자료 : KOTRA 상파울루 무역관 종합

따르면 한국에서는 도둑이 많아서 밤에 잘 때 집을 자물쇠로 여러 겹으로 잠그고 자야 했으나 브라질에서는 담도 낮고 먹을 것이 풍족해서 그럴 필요가 없는 것이 좋았다고 했다. 1960년대 브라질은 군정시대여서 치안이 확실하게 잡혀 있었고 경제 성장도 괜찮은 편이었다. 지금 상파울루 시내의 모든 빌딩의 지하 주차장에서 흔히 보이는 주차 서비스를 하는 20대 젊은이들이 만약 이 직업마저 없다면 사회의 큰 불안 요인이 될 것이다.

사건은 빈부 격차가 큰 대도시 상파울루와 리우에서 많이 일어난다. 계층 간 소득 불평등 수준을 보여 주는 지니 계수에서 브라질은 전 세계에서 13번째로 불평등이 심하며 아프리카 수준이다. 반면에 농촌은 사건이 적고 오히려 인심이 좋고 평화롭다.

심한 빈부 격차는 상파울루와 리우를 하루만 둘러봐도 알 수 있다. 겉보기에 화려한 주거 지역이 있는 반면에 그곳에서 조금만 벗어나면 대로변의 보도, 건물 처마 밑, 터널 내부, 다리 밑에 모여 사는 노숙자를 흔하게 볼 수 있다. 이들은 술에 취해 있거나 영양 부족으로 기운이 없어서 잠을 자며 오늘과 내일에 차이가 없다.

저소득층이 위로받는 방식

브라질 저소득층은 축구, 삼바, 종교, 음식, 사랑으로 위로받는다. 축구는 비싼 장비가 필요하지 않고 풀밭이 흔한 브라질에서는 어릴 때부터 누구나 즐기는 운동이다. 미니축구 풋살도 국민들이 매우 좋아하는데 사각의 구장 안에서 5명이 격렬하게 운동한다. 국민들은 좋아하는 팀이 하나씩 있고, 그 팀에 관한 것이라면 자기 일처럼 관심이 많다. 축구는 부와 신분 상승의 기회를 제공한다. 유명한 축구선수였던 펠레는 체육부 장관을 지냈고 호마리우는 상원의원으로 당선되었다. 브라질 국가대표팀을 보면 백인은 거의 없고 혼혈이나 흑인이다. 유명 선수 중에는 각종 단체들이 파벨라에 설치한 청소년 축구학교 출신도 많다. 동네에서 공을 좀 차면 도시로 나가고, 눈에 띄게 잘하면 국가대표로 선발되고, 유럽이나 중국의 프로 축구팀에 스카우트되어 큰 돈을 번다.

1930년대에 재임했던 제툴리우 바르가스 대통령은 여러 나라가 한 나라에 있는 것 같은 브라질에서 축구는 국가 정체성을 제공하는 중요한 수단이라고 생각하였다. 그래서 인종 갈등을 완화시키고 소통, 단결, 애국심을 자극하는 수단으로 육성하였다. 흑인 혼혈인 펠레가 그 역할을 톡톡히 했다. 축구는 소득·인종·지역 등에 관계없이 모든 브라질 국민이 좋아한다. 브라질 사람들에게 축구란 '종교'나 '국가'와 같다. 상파울루가 연고인 코린치안스팀은 1910년에 창설되었는데 브라질에만 3,000만 명의 팬이 있다. 기업들도 '축구'를 통해 직원들이 단합하고 대화할 수 있는 기회를 마련한다.

삼바는 주로 흑인혼혈의 저소득층이 즐기는 4분의 2박자 리듬을 지닌 춤과 음악이다. 축구와 달리 모든 국민이 즐기지는 않는다. 매년 2월 말에 열리는 삼바 카니발에서 평소 삼바 학원에서 연마한 실력을 뽐내면서 축제를 즐긴다. 축제를 위한 법정 휴일은 하루이지만 관례상 5일간 쉰다. 다시 일을 시작하는 날은 오후부터 근무한다. 오전에는 전날까지의 즐거움에서 깨어날 시간을 주기 위해서이다. 삼바 카니발은 19세기 중반 브라질이 포르투갈로부터 독립한 시기부터 시작됐다. 20세기에 들어서 리우를 중심으로 삼바 학교가 생기고 대규모의 경연대회가 열리는 등 국가적인

코린치안스팀과 상파울루팀의 정규 리그 경기

축제로 발전했다. 브라질 전역에서 크고 작은 카니발이 열리는데 전 세계 적으로 '리우 카니발'이 가장 유명하다.

저소득층의 심란한 마음을 달래주는 신흥교회의 신도가 늘고 있다. 기독교의 오순절 교회파(Pentecostal Church)인 Universal Church of the Kingdom of God(UCKG)는 브라질에서 1977년에 창립되었는데 감정에 호소하고, 기적으로 치료하며, 악령을 쫓는 성령의 힘을 강조한다. 브라질에서 성인 인구의 10%인 1,000만 명이 신자인데 대부분 저소득층이다.

이 교회는 가난한 자들로부터 돈을 거두어서 TV 방송국(Rede Record)과 은행을 샀다는 비난도 받았다. 우리 무역관의 현지 직원은 부인이 결혼 전에 이 교회에 다녔는데 결혼하고 나서는 십일조에 대한 부담 때문에 남편이 그만두게 했다.

이 교회는 1998년부터는 저소득층 이미지를 탈피하기 위해 중산층에 대한 전도를 강화하고 있다. 가톨릭 계열의 Charismatics 종파도 성인 인구의 3.8%를 차지한다. 원래 보수적인 Charismatics 종파는 가족, 올바른 행동, 믿음에 충실한 종파인데 오순절 교회파와 경쟁하면서 대규모 집회를 열고 있다.

풍부한 먹을거리는 큰 즐거움이다. 브라질은 좋은 기후와 토질에서 생산된 식재료가 매우 풍부하다. 유럽, 아프리카, 중동, 북미, 아시아 등의 이민자를 통해 전수된 다양한 음식이 있다. 식품·음료 산업은 전체 GDP에서 10%를 차지할 정도로 중요하다. 상파울루 시내의 모든 로터리에는 각종 음식과 과일 주스를 파는 식당이 예외 없이 있다. 같은 메뉴라도 고급 식당에서 비싸게 먹지만 동네 간이식당(Lanchonete)에서는 싸게 먹을 수 있다. 사탕수수에서 채취한 단물을 발효해서 만든 전통술 카샤사를 즐기는 사람도 있다. 룰라 전 대통령은 자신의 큰형과 외할머니가 카샤사 중독자라고 말했는데 가난한 북동부 지역에는 이런 사람이 많다.

마지막으로 사랑이다. 개방적인 사회 분위기, 풍부한 먹을거리, 진한 커

솔로몬 교회의 모습

피는 욕구를 자극하는 요소이다. 상파울루 도처에는 빨간색 조명으로 Sex Shop이라고 써 있는 성인 용품점이 쉽게 보인다. 젊은이들이 많이 찾는 도심공원 이비라푸에라에서는 사랑의 흔적도 쉽게 볼 수 있다. 남자가 또 다른 남자를 껴안고 있는 모습도 보인다. 물론 여자 대 여자도 있다. 브라질이 성에 개방적인 것은 포르투갈의 전통과 관련이 있다. 과거에 포르투갈은 유럽에서 인구 150만 명(1530년대 기준)에 불과해서 인구 증가가 필요했고, 지리적으로 남부 유럽에 있어서 북아프리카 사람 등 다른 민족과의 접촉에 관대했다. 포르투갈 사람들은 브라질에 와서도 현지 원주민과의 접촉에 거부감이 없었고 그 덕분에 인구가 빠르게 증가할 수 있었다. 이주 초기인 1510년대에 João Ramalho라는 사람은 수십 명의 부인을 두었다.

제3장

한국, 중국, 호주, 이스라엘로 보는 브라질

여기에서는 브라질의 국가 체계를 더 잘 이해하기 위해 한국, 중국, 호주, 이스라엘의 체계와 비교했다. 한국과 이스라엘은 자원이 없음에도 경제적으로 성공했다. 대국인 중국과 호주도 경제적으로 성공했다. 한국은 자원이 없는 대신 '사람'을 앞세워 성장했다. 이스라엘은 작고 척박하지만 벤처 강국이다. 이스라엘의 사상적인 영토는 넓고, 유대인들이 전 세계에 떠돌아다니면서 깔아 놓은 국제 네트워크는 장점이다. 브라질과 같이 '브릭스'로 불리는 중국은 세계 경제 2위로 도약했다. 중국은 전통, 개혁, 주변국과의 경쟁을 통해 국가 체계를 효율화시켰다. 자원부국인 호주는 강대국인 영국식 체계를 그대로 이어 받았기 때문에 체계 구축에 큰 비용이 들지 않았다.

왜 브라질을
네 나라와 비교하는가?

    브라질의 국가 체계를 더 잘 이해하기 위해 한국, 중국, 호주, 이스라엘의 4개 나라와 비교하기로 한다. 한국과 이스라엘은 영토가 작고 천연자원도 부족하지만 경제 개발에 성공했다. 영토가 큰 중국과 호주도 성공한 경제로 평가받는다. 작고 큰 네 나라의 체계를 브라질과 비교하면 브라질을 더 잘 알 수 있다.

    한국은 물리적인 환경 면에서 이스라엘보다는 형편이 좀 낫지만 브라질에 비해서는 부족한 점이 많다. 한국은 사람 하나로 경제를 개발했다. 한국의 세계 교육 순위는 세계 76개 국가 중에서 3위로 브라질의 60위에 비해 크게 앞선다. 브라질의 고위 인사들도 한국의 교육 제도를 배우려고 한다.

    이스라엘은 여러 면에서 브라질의 반대이다. 인구, 영토, 자원 등 물리적인 환경에서는 브라질과 비교가 되지 않는다. 브라질은 다양하고 풍부하다고 한다면 이스라엘은 작고 척박하다. 이스라엘은 서로 적대적인 아랍으로부터 공격을 당하는 위협을 느끼지만 브라질은 평화로운 나라이다. 이스라엘은 미국의 51번째 주라고 생각될 정도로 미국과 친밀하다. 이스라엘의 성공은 유대교를 통한 국민통합과 전 세계에 흩어져 떠돌아다니면서 미국과 유럽에 깔아 놓은 네트워크가 강점이다.

중국은 '브릭스(브라질, 중국, 러시아, 인도, 남아프리카공화국)'의 한 국가이다. 브릭스란 말은 자원이 많은 잘나가는 신흥 경제 대국의 대명사였다. 그러나 원자재 값이 떨어지자 원자재 수출 비중이 높은 브라질과 러시아의 경제가 어려워지고, 중국은 외적으로는 세계 경기 침체와 내적으로는 경제 성장 패러다임 전환으로 인해 성장이 둔화되었다. 브릭스 시대가 끝났다는 평가도 있다. 그러나 중국은 꾸준한 성장으로 세계 경제 2위까지 왔다. 중국은 브라질에 비해 1인당 GDP는 낮지만 GDP 자체는 브라질보다 6배나 높다. 브라질 경기의 침체 원인 중 하나가 중국의 브라질산 농산물과 광물의 수입 감소 때문일 정도로 중국의 영향력이 커졌다. 근대에 열강의 각축장이 되었던 중국이 다시 재기할 수 있었던 것은 제국의 경험, 1979년 덩샤오핑의 개혁 개방 이후 자국 제조업의 경쟁력으로 세계의 공장으로의 입지 구축, 더 나아가서는 세계의 시장으로 발돋움한 데 있다.

호주는 브라질 다음으로 영토가 크고 브라질처럼 자원이 많아서 두 나라의 주력 산업은 농업과 광업이다. 유럽인들이 대항해 시대에 두 나라를 식민지로 개척했다. 두 나라의 역사는 비슷한데 식민지로 개척된 후 금 등 광물이 발견되면서 유럽인들이 대거 이민을 오면서 유럽의 체계가 심겼다. 그러나 호주는 국가원수가 아직도 영국 여왕일 정도로 국민들이 영국에 대한 반감이 크지 않지만 브라질은 포르투갈로부터 1822년에 독립했다.

브라질, 한국, 중국, 호주, 이스라엘 개요

구분	브라질	한국	중국	호주	이스라엘
지역	남미	아시아	아시아	오세아니아	중동
건국일	1889년	1948년	1949년	1901년	1948년
인구	2억 426만 명	5,125만 명	13억 7,000만 명	2,323만 명	800만 명
민족 구성	유럽계 48%, 아프리카계 7%, 혼혈 44%, 기타 1%	한국인 100%	한족 92%, 소수민족 8%	유럽계 85%, 아시아계 9%, 원주민 3%, 아랍 1.4%	유대인 75%, 아랍인 21%, 기타 4%
면적	5위 (8,500만㎢)	109위 (10만㎢)	4위 (9,600만㎢)	6위 (7,700만㎢)	154위 (2만㎢)
1인당 GDP	8,539달러	2만 7,539달러	7,925달러	5만 5,215달러	3만 9,125달러
GDP	1조 8,000억 달러	1조 4,000억 달러	10조 9,000억 달러	1조 4,000억 달러	3,400억 달러
세계 교육 순위	60위/76개국	3위/76개국	조사 불포함	14위/76개국	39위/76개국
주요 산업	자동차, 축산, 철강, 농업, 오일·가스	자동차, 전자제품, 통신기기, 화학, 조선, 철강	자동차, 철강, 조선, IT, 전기·전자	농·축산업, 광업, 신재생, 서비스	IT, 관광, 첨단 과학, 방위, 보석 세공
주요 수출품	철광석, 대두 석유, 사탕수수 당, 가금류, 대두유, 커피, 쇠고기, 화학·목재 펄프, 항공·선박 연료	자동차, 부품, 반도체, 디스플레이, 석유화학, 선박, 통신 기기, 기계, 철강, 가전	무선 통신 부품, 컴퓨터, 부속 장비, 석유화학, 철강, 선박, 전자 직접 회로, 액정디바이스, 메모리, 반도체	철광석, 석탄, 연탄, 석유, 가스, 금, 석유 오일, 밀, 인조커런덤, 구리 광석, 쇠고기, 정제 구리	무기류, 항공기 부품, 반도체 장비, 고속도강, 초경공구, 기계, 전자 부품, 가공 보석, 화학 품, 의류, 직물, 소프트웨어
접경국	아르헨티나, 우루과이, 파라과이, 볼리비아, 페루 등 10개국	중국, 러시아	북한, 몽골, 러시아, 인도, 베트남, 네팔 등 14개국	없음	이집트, 시리아, 레바논, 요르단

*자료원 : 세계은행, OECD 2015년

그것도 포르투갈에서 온 왕가가 독립을 선언한 특이한 역사를 갖고 있다.

호주는 1인당 국민소득이 5만 5,000달러로 브라질의 8,500달러보다 훨씬 높다. 섬나라 호주는 다른 나라의 견제를 받지 않았지만 브라질은 미국의 견제가 있었다. 두 나라의 GDP는 비슷하지만 호주는 넓은 땅에 브라질 인구의 1/10인 2,000만 명에 불과하여 1인당 GDP는 브라질보다 높다. 호주는 백호주의(White Australia)로 폐쇄적인 외국인 정책을 취했지만 2억 인구의 브라질은 흑인 노예, 원주민, 중동, 아시아인 등의 다양한 민족 간에 피가 섞였다. 영어를 쓰는 호주는 영국, 미국의 각종 체계를 번역할 필요 없이 즉시 들여다 쓸 수 있었다.

01

성공적인 경제 발전을 이룬 한국

닮은 듯 다른 두 나라

두 나라는 닮은 점도 있고 다른 점도 있다. 브라질의 근현대사는 한국이 1945년 해방 이후에 겪은 군사정부, 경제 개발, 민주화의 역사와 비슷하지만 두 나라 국민들의 행복도는 다르다. 브라질이 교육에 관심을 갖는 것은 한국의 영향도 있다.

1930~1945년 제툴리우 바르가스 대통령의 독재 시대에 석유화학, 철강, 금융 분야 등에서 수입 대체를 위한 자국 산업을 육성했다. 오늘날 세계적인 기업으로 성장한 페트로브라스(Petrobras, 석유), 발레(Vale, 광물), 브라질 경제사회개발은행(BNDES) 등이 이때 설립되었다. 초·중등 교육을 강화시켰고 남미 최고의 상파울루 대학(USP)을 설립하는 등의 교육 개혁과, 노동

자 보호, 여성참정권 인정을 도입하여 브라질 근대화에 큰 업적을 남겼다. 문화적으로도 삼바와 카니발을 브라질 문화의 상징으로 발전시켰다. 정치적 혼란을 겪은 후 1950년에 브라질 최초의 민주적인 선거를 통해 바르가스는 다시 대통령으로 선출되어 1951~1954년에 두 번째로 새임하나가 경제위기에 따른 군부의 사임 강요를 받고 권총 자살했다. 그는 정치적으로 독재자이지만 산업화에 기여한 것은 인정받는다. 한국의 박정희 대통령에 비유할 수 있다.

1956년에 취임한 주셀리누 쿠비체키 대통령은 '50년 발전을 5년에' 공약을 내걸고 개발 정책을 추진하여 브라질리아를 건설했다. 하지만 막대한 건설 비용이 발생해 인플레이션이 심화되는 등 심각한 재정 위기를 겪었다. 이에 1964년에 다시 쿠데타가 일어나서 군사독재가 시작되었다. 공업화, 외국 자본 도입, 반공, 친미 등이 정책 기조였다. 성장하던 경제는 1973년 오일 쇼크 이후에 추락하고 인권 침해 등으로 국민의 불만은 쌓여 결국 군부는 1985년 정권을 민간에 이양했다. 2003년에는 노동자 출신의 룰라 대통령이 취임했다. 세계 경제의 호조로 브라질 원자재 수출이 증가했고, 브라질 경제는 브릭스의 핵심 국가로 칭송받았다. 2011년에 호세프 지우마가 룰라의 지지에 힘입어 대통령에 취임했으나 2016년에 탄핵되었다.

한국은 1910년부터 일본의 식민지로 있다가 1945년에 해방되었다. 한국은 1948년에 최초의 공화국이 출범하여 1960년에 4·19혁명으로 끝났다. 제2공화국은 1년 정도 지속되다가 1961년에 5·16 쿠데타로 끝났다. 5·16 쿠데타를 통해서 정권을 잡은 박정희 대통령은 제3공화국, 제4공화국을 이끌면서 산업화 정책을 펼쳤다. 1988년에는 직선제로 대통령이 선출되었고, 1993년에 문민정부가 시작되면서 민주주의와 자본주의가 정착했고,

한국과 브라질의 근·현대사 비교

구분	한국	브라질
공화제 도입	1948년	1889년
최초 민주선거로 대통령 선출	1948년(이승만)	1950년(제툴리우 바르가스)
군사 정부 시기	1961~1988년	1964~1985년
문민정부 출범	1993년(김영삼)	1985년(조제 사르네이)
노동계 인사 대통령 취임	2003년(노무현)	2003년(룰라 다 실바)
대통령 탄핵	2017년(박근혜)	2016년(호세프 지우마)

2003년에는 노동·인권 변호사 출신이 대통령이 되었다. 2017년에는 한국 최초의 여성 대통령이 탄핵되었다.

1930~1945년의 바르가스 독재 시대와 1964년 이후의 브라질 군사정부의 정책은 박정희 시대와 공업화, 외자 도입, 반공 등과 유사하다. 두 나라 모두 군정 시대에 경제성장률은 높았다. 한국은 연평균 8.5%의 성장했고, 브라질은 군정 기간의 일부인 1968년부터 1973년까지 높은 경제 성장을 했다. 독재정권은 정권 획득의 명분으로 사회 질서 회복이나 경제 개발을 내세우는데 브라질과 한국이 독재정권은 경제 개발을 내세웠다.

그러나 군사정권의 명분이 달성되면서 두 나라의 독재정권은 위태로워졌다. 박정희 정권은 1970년대 중반부터 오일 쇼크와 물가 폭등 등 경제적 어려움을 겪기 시작했다. 중동 건설 붐에 힘입어 1977년에 수출 100억 달러를 돌파하는 등 경제가 호황을 누렸지만, 중동 건설경기의 급속한 냉

한국 군사정부 시기의 경제성장률

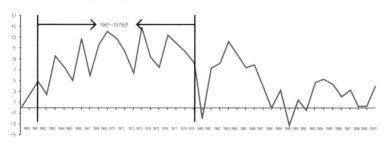

1961~1979년

브라질 군사정부 시기의 경제성장률

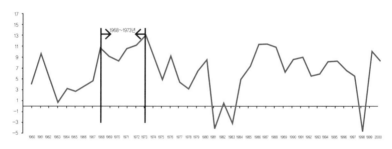

1968~1973년

각으로 기업 도산이 속출했다. 1973년의 1차보다 더 큰 2차 오일 쇼크가 1979년에 닥치면서 수출이 급감했고 물가는 치솟았다. 결국 박정희 정권은 1979년에 무너졌다. 브라질 군부는 석유 파동과 경제 불황이 도래하자 경제 운영에 능력이 없다는 것을 스스로 깨닫고 선거로 선출된 문민 대통령에게 1985년에 정권을 이양했다.

한국과 브라질은 1981년 1인당 국민소득이 2,070달러를 기록했으나 이후부터는 한국이 브라질을 추월했다. 2017년(IMF 기준) 한국 2만 9,000달러, 브라질 8,800달러로 차이가 더욱 벌어졌다. 한국은 '할 수 있다.'는 신념

한국-브라질 1인당 국민소득 변화

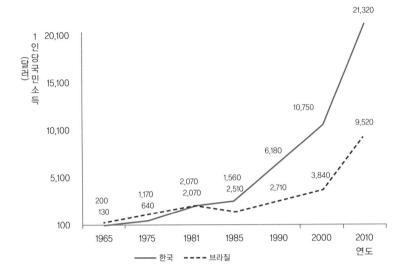

으로 경제를 개발하면서 일제강점기나 민주화 과정에서 우리를 나쁘게 평가하는 말을 극복했다. 그러나 브라질은 아직도 '미래의 나라'라는 말을 듣고 있다.

한국의 성공적인 경제 발전이 브라질의 종속이론을 무너뜨렸다. 종속이론은 중심(선진국)과 주변(개발도상국)으로 구성된 세계자본주의의 구조에서 주변국은 선진국의 다국적 기업에 1차 산품을 저가에 공급하고, 다국적 기업은 고부가가치 제품을 생산하여 개발도상국에 판매하기 때문에 개발도상국은 계속 빈곤 상태로 머문다는 이론이다.

유럽은 식민지 브라질에서 고무, 사탕수수, 커피, 금, 다이아몬드 등 1차 산품을 채취하여 유럽으로 가져간 후 공산품을 만들어 다시 브라질 등에 팔았다. 지금도 브라질은 농·축산, 광물 등 1차 산업이 주력이다.

종속이론

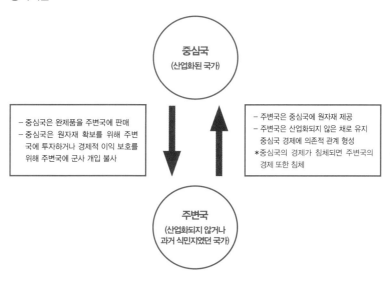

종속이론은 1980년대까지만 해도 브라질 등 남미가 못사는 이유를 설명하는 널리 알려진 이론이었다. 그런데 제2차 세계대전 이후에 한국, 타이완, 홍콩, 싱가포르 등 아시아의 네 마리 용은 제조업을 육성하여 다국적 기업에 원료가 아닌 공산품을 공급하는 수출 지향형 개발 모델을 통해 성공했다. 네 마리 용이 종속이론이 맞지 않은 것을 증명한 셈이 되었다. 브라질 정치인이나 전문가들도 한국의 성공을 인정하고, 그 배경으로 한국의 우수한 교육 제도를 주목한다.

한국은 평등 속에서 불만족하고 브라질은 불평등 속에서 행복하다. 노동 집약적 산업으로 경제 개발을 시작한 우리는 노동보다 자본이 더 많이 이익을 가져가야 자본이 축적되는 상황에서 모험적인 기업인의 노력과 함께 교육 수준이나 사회적 지위가 낮은 노동자의 기여가 컸다. 그런데 한국

한국과 브라질의 행복지수와 국가경쟁력 비교

구분	행복지수	국가경쟁력
한국	56위 / 155개국	29위 / 63개국
브라질	22위 / 155개국	61위 / 63개국

은 외국인 저임금 노동자나 노예가 아닌 우리 자체의 노동에만 의존했다. 우리 경제가 성장하면서도 노동과 자본 간의 경제적 격차가 줄지 않았다.

한국인은 1894년에 신분제가 철폐된 이후에 외모가 비슷하고 같은 말을 쓰는 단일문화를 공유하는 단일민족으로서 평등의식이 강하다. 이미 고려시대 때부터 왕후장상(王侯將相)의 씨가 따로 없다는 말이 있었다. 상대와의 경제적인 격차를 쉽게 인정하지 못한다. 2017년 세계행복지수에서 한국은 155개국 중 56위로 세계 12위 경제 규모에 비해 낮다.

반면에 브라질은 1888년에 법적으로 노예제가 폐지되었지만 아직도 경제적으로는 불평등하다. 2013년 지니 계수를 기준으로 브라질은 전 세계에서 13번째로 불평등한 국가이다. 그러나 브라질은 여러 민족으로 구성된 이민자의 나라이고 민족·인종별로 브라질에 도착한 시기가 다르기 때문에 민족·인종 간 부의 축적이나 사회적 지위에서의 차이가 인정된다.

크게 인종을 기준으로 보면 백인과 혼혈·흑인 간의 차이가 크다. 원래 브라질 백인은 커피·사탕수수 농장에 아프리카 흑인 노예를 데려와 노동력을 착취하여 자본을 축적했고 오늘날에도 부유하다. 혼혈·흑인의 하위 계층은 주로 소득수준이 낮은 3D 업종에 종사하는데 복장도 유모·가정부는 흰색, 청소부는 파랑·주황색, 보안요원은 검정색을 입는다. 두 계층의 차이가 커서 혼혈·흑인의 하위 계층은 더 나은 미래를 위한 노력보다는 현재에 만족하며 산다. 백인의 상위 계층은 하위 계층을 포용하려는 노력이 부족하다.

국민들이 불평등 속에서 나름 만족하며 산다. 브라질의 세계행복지수는 전 세계 155개국 중 22위로 높은 편이다. 특징적인 것은 행복지수는 국가경쟁력과 비례해서 높아지는데 브라질의 경우는 국가경쟁력이 낮은데도 행복지수는 높다. 브라질의 국가경쟁력은 경제 운용 성과, 정부 행정 효율, 기업 경영 효율, 발전 인프라의 4개 부문에서 낮은 평가를 받는다.

오늘날 한국과 브라질의 경제 성과의 차이는 정책 수립과 실행 체계의 효율성이 달랐기 때문이다. 작은 영토에 5,000만 명의 인구가 집중된 한국은 작지만 단단한 반면, 브라질은 광대한 영토에 2억 명의 인구가 분산되어 느슨하게 운영되어 왔다. 구슬이 서 말이라도 꿰어야 보배라는 말이 있

전 세계 국가의 행복지수와 국가경쟁력

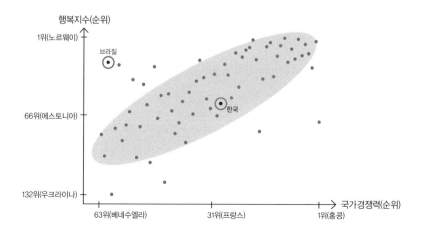

다. 브라질은 2억 명의 내수시장, 다양하고 풍부한 천연자원, 저가 노동력, 남미공동시장(메르쿠수르) 진출의 교두보, 아마존과 긴 해안선의 생물학적 다양성 등의 장점을 갖고 있다. 지금 브라질이 필요한 것은 이들을 엮는 깨끗하고 강한 리더십이다. 두 나라는 닮은 듯 다르기 때문에 서로를 필요로 한다.

한국 이민자의 아마존 개척사

한국인이 아마존을 개척하려던 시도가 있었다. 아마존은 550만km^{2}로 8개국과 국경을 접하고 있다. 아마존은 많은 자원과 생물학적 다양성을 갖고 있어서 개발 가치가 높다. 브라질 사람들은 인프라가 없는 아마존에 접근하기가 어려워 먼 미지의 세계라고 생각한다. 아마존을 찾는 관광객 대부분은 외국인이다. 미국이 아마존을 인류에 자산이라면서 영향력을 가지려는 것도 브라질이 신경 쓰는 대목이다.

1960년에 브라질에 이민 온 오응서 씨 등은 혼도니아(Rondônia) 주 정부에 아마존 개발 계획을 제출했다. 당시 브라질은 아마존 지역을 국내 노동력으로 개발할 수 없어 방치하고 있었다. 1966년 3월에 주 정부는 "귀하가 제출한 계획서의 11개 항목을 그대로 수리하고 이에 허가한다. 즉시 대표자로 하여금 현지답사와 지역 선정을 하라. 히오데자네이로 공군기지에 전용기를 대기시켰으니 이 전문을 갖고 출발하라."라고 개발 계획을 승인했다.

1966년 5월 26일에 '아마존 개척단'의 선발대가 구성되었다. 교민단체였던 한백문화협회를 통해 대원을 모집했다. 구서독에 광부로 갔다가 본국으로 돌아가지 않고 브라질로 온 청년들도 신청했다. 오웅서 씨를 단장으로 하여 한국 청년 12명, 농사지도원 쓰다(일본 농대 출신), 법률 지도원 밀레노(Milleno : 브라질 변호사), 행정지도원 Waldmil(전 혼도니아 주 농림국장) 등으로 선발대가 구성되었다. 개발 대상 지역은 연방직할주 혼도니아 주 수도 Porto Velho 시에서 16킬로미터 지점에서부터 아그레 주로 향하고 볼리비아의 관문인 Guajaramilim 근처까지의 마데이라 강변이었다.

현장에 도착한 선발대는 밀림의 나무를 베어 농지를 확보하는 작업을 했다. 낫, 장도, 도끼 등으로 잡초와 넝쿨을 자르고 통로를 만들며 밀림의 목표지에 도달해서 도끼로 큰 나무들을 찍어냈다. 수개월의 작업으로 6,000m²의 농지를 확보했다.

농지에서 재배할 작물은 후추로 선정했다. 원시림은 큰 나무들이 양분을 모두 흡수하여 토질이 사토에 가깝다. 썩은 나뭇가지와 낙엽이 쌓인 지표 30cm 정도만 비옥하다. 사토에서는 열대성 덩굴 종류의 작물만 가능하여 국립농업시험소에 조사를 의뢰하여 후추를 선정한 것이다. 묘목을 본격 이식하기에 앞서 후추를 시범적으로 재배했고, 자가 수요용으로 만지오카, 채소, 옥수수 등도 심었다.

그러나 3년간의 노력에도 불구하고 개척은 실패했다. 밀림에서 중장비 없이 시작한 작업은 역부족이었다. 말라리아, 독충, 과로 등으로 대원들이 쓰러져 갔다. 브라질 정부의 2단계 지원 계획도 중단되었는데 초기에는 식량, 의료, 농업 지도, 교통편 등의 지원이 있었고, 개간영농자금의 융자 알선까지도 준비 중에 있었다. 그러나 1969년에 혼도니아 주 의회는 한국인 농장에 브라질이 국고를 부담하는 것은 중단되어야 하며 국고는 브라질인 노동력을 투입하는 형태로 집행되어야 한다고 의결했다. 배경에는 외국인들이 아마존을 소유하는 것에 대한 우려가 있었다. 곧 브라질 정부는 1969년 외국인의 브라질 토지 취득을 금지하는 '국유지 관리법'을 제정했다. 당시 아마존 하구의 파라 주의 국유지 300만ha를 분양받고 '차리 프로젝트'를 착수했던 미국 업체도 철수했다. 당시 한국은 가난했고, 대사관이 설치된 지도 몇 해 되지 않아서 지원을 할 수 없었던 것도 아쉽다.

아마존 개척단에 참여했던 단원들도 이후 뿔뿔이 흩어졌다. 지금은 대부분 세상을 떠났다. 그러나 오지를 개척하려는 한국인의 정신은 이어지고 있다. 1995년에 아마존의 수도인 마나우스에 우리나라 삼성전자, LG전자가 공장을 설치하여 가동 중이다. 지금은 교민이 마나우스를 중심으로 100여 명 살고 있다. 한국의 의료 시스템을 실은 병원선으로 아마존 섬마을 사람들을 찾아다니며 진료하는 구체적인 계획도 2016년부터 추진 중이다. 1990년에는 마투그로소두술의 판타나우 지역에 통일교가 '새소망농장'을 건설해 만지오카, 오렌지, 사탕수수, 가축 등을 키우고 있다.

한국과 브라질의 교류 역사

한국인은 브라질을 좋은 날씨, 풍부한 먹거리, 낙천적인 문화, 인간미가 있는 나라이지만 심한 빈부 격차, 치안 불안, 과거 군부독재 정치, 좌파정권의 지역, 대외 채무 중단을 자주 하는 나라로 생각한다. 반면에 브라질은 한국이 경제적으로 성공한 나라이고 일본과 비슷한 기술강국이며 남북한이 분단되어 있는 것을 안다.

지구의 반대편에 있는 브라질은 한국전쟁 이후의 반공포로를 계기로 한국에게 알려졌다. 1953년 6월에 석방된 반공포로 50명은 인도를 거쳐서 1956년 2월에 브라질 리우에 도착했다.

한국전쟁 반공포로인 임권택(1928년생)은 독립유공자 임평의 자손이다. 그는 평양에서 대학재학 중 한국전쟁에 참전했다. 전쟁 중 UN군에 포로로 잡혔고, 전쟁 후 남과 북이 포로를 교환할 때 이념이 싫어서 남과 북을 모두 거부하고 중립국을 선택하여 인도에서 임시로 2년을 살다가 1956년 2월 브라질에 왔다. 1976년 브라질 국적을 취득하여 무국적 반공포로에서 이민자로 신분이 바뀌었다. 인도에 있을 때 인도 정부의 지원으로 공과대학에서 배운 지식으로 브라질의 포드 자동차에서 공구설계사로 일하며 생계를 꾸려 왔다. 그는 브라질에 귀화하였으나 아들과 손자들에게는 한국의 국적을 회복시켜 주고 싶었다. 그의 후손들이 확인해 보니 그는 이미 사망한 것으로 되어 있었다. 그의 아들은 2016년 사망에서 생존으로 호적을 정정하는 절차를 한 후에 한국 법무부에 국적 회복을 신청했다. 승인을 받으면 그와 자손은 독립유공자의 후손으로서의 국적과 명예가 회복된다.

1963년부터는 한국인의 농업이민이 시작되었다. 정부 수립 후 최초의 해외이민이었다. 1960년대 브라질은 경기가 좋아서 세계에서 '떠오르는 별'이라 불릴 정도로 미래와 희망의 상징이었다. 광활한 농지는 노동력을 필요로 했다. 반면에 한국은 가난한 나라였다. 농촌인구는 가난을 벗어나기 위해 도시로 밀려들었고, 한국 정부는 실업 문제를 해결하기 위해 1950년대 후반부터 이민을 논의하기 시작했다. 군사정부는 1962년에 해외이주법을

이민 초기의 빅토리아 농장의 한인 숙소

한국인의 브라질 이민 역사

연도	이민 내용
1925년	제일교포 1세대 및 독신자 3명 일본 국적으로 도착
1956년	반공포로 50명 인도를 거쳐 브라질 도착
1963년	1차 한백협회 주선으로 103명 산토스 항에 도착
1964년	2차 150명(24세대) 산토스 항에 도착
1964년	3차 468명(68세대) 빅토리아 항에 도착
1964년	4차 Causa 이민회사 주선으로 448명(46세대) 리우 항에 도착
1965년	5차 가톨릭교단 주선으로 715명(74세대) 파라나 항에 도착
1970년	6차 한국개발공사 주선으로 기술이민 1,200명(210세대) 도착
2010년	상파울루 봉헤치로를 한인타운으로 공식 지정

제정하여 정부 차원에서 이민을 적극 추진했다. 국민들에게 당시 브라질은 희망의 땅이었다.

1962년 12월 18일에 브라질 이민단이 치차렌카(Tjitalengka)호에 희망을 싣고 부산항을 출발했다. 최초 이민자들의 당시 회고이다.

고광순. 1962년 이민 선발대. 우리는 상파울루에 사는 브라질 사람들이 그렇게 부러울 수가 없었다. 같이 온 사람들 모두 한결같이 "천국이 따로 없다. 이곳이야말로 천국이다."라고 말했다. 날씨나 음식, 사람들의 마음씨도 그러했고 통행금지가 없어서 너무 좋았다. 거리에는 도둑은 물론 소위 날치기들이나 소매치기가 없었다. 한국에서는 자물쇠를 서너 개 걸고 잠을 잤고, 집의 담 위에는 철사를 둘러쳐야 했다. 다카모리라는 일본 사람이 농장을 개발해서 팔기 시작했는데 우리는 첫 구매자였고 그것이 바로 아리랑농장이었다.

백옥빈. 1963년 이민. 1963년 2월 12일 우리는 산토스 항에 도착하였다. 반공포로 출신의 젊은 동포들이 우리를 환영하기 위해 기다리고 있었다. 낯선 땅에서 한국말을 하는 사람들의 영접을 받으니 놀라웠다. 우리가 들어갈 농장의 지권이 확실치 않았고 실제 농사를 지을 수 있는 땅도 아니었기 때문에 일단 모두 이민 수용소에 들어갔다. 1963년 3월 18일, 17세대 중 5세대가 상파울루에서 50km 떨어진 아리랑농장으로 출발하였다. 이민자들은 농사일을 했던 사람들은 아니었지만 브라질 정부와의 약속과 한국의 이미지를 생각하여 2~3년간 농사일에 매진했다. 그러나 자금난, 노동력 부족, 자녀 교육 문제 등의 어려움 때문에 결국 상파울루로 나왔다.

　김외숙. 1965년 이민. 경남여중 2학년 때 부모님을 따라 브라질에 왔다. 3남 1녀 외딸. 1967년에 어느 정도 브라질 말을 할 수 있게 되자, 브라질의 한 식당에 취직했다. 그곳에서 브라질 남자를 만나 결혼을 작정했다. 어머니에게는 턱도 없는 이야기였다. 결국 어머니는 내 결혼을 승락하셔서 한국촌의 성당에서 결혼식을 올렸다. 당시 내 나이 19세, 신랑은 23세. 어린 한 쌍이었다. 아마도 한인 중에서 브라질 남자와 결혼한 첫 경우가 아닌가 싶다. 그때 어머니를 힘들게 해드린 것에 가슴이 저미어 온다.

　1차 이민자를 실은 이민선 치차렌카호는 부산을 출발하여 56일간 2만 2,000km를 항해한 후 1963년 2월 브라질에 도착했다. 1970년대 말에 한국 어린이들이 감동적으로 보았던 TV 만화영화 「엄마 찾아 3만 리(1만 2,000km)」에서 12살 마르코가 엄마를 찾아 이탈리아에서 세네갈을 거쳐 아르헨티나까지 여행했던 거리의 두 배이다. 마르코는 엄마를 찾을 듯하면서 놓치기를 3년간 계속했기에 어린이들에게는 더욱 멀게 느껴졌다.

　한인들은 밤낮 없이 재봉질을 하여 여성 의류를 만들었다. 이민 온 한국인들은 언어도 몰랐고, 도움을 받을 사람도 없었고, 문화와 상관습도 몰랐다. 브라질 사람보다도 불리한 조건에서 시작한 그들이 지금 현지인들보다 더 잘 살게 된 것은 그들이 교육받은 사람이었다는 한 가지 이유 때문이었다. 최초로 여성용 의류 봉제업을 시작한 사람은 김수산이다.

김수산. 만주 태생으로 자녀 7명과 1964년에 브라질에 왔다. 그는 부산 피난 시절에 부산 국제시장에서 넥타이, 양말, 수영복, 공장을 운영했기 때문에 이민 오면서 사용하던 재봉틀, 재단기, 편물기를 브라질로 가져왔다. 1965년에 브라질 도착한 지 3개월 만에 자신이 입던 남성용 겨울 점퍼와 여성용 블라우스를 뜯어 참고하여 브라질 사람들의 취향에 맞는 옷을 만들었다. 집 거실바닥에 천을 펴서 본을 뜨고, 큰 가위로 잘라 옷 몇 벌을 만드는 '원시적 공정'이었다. 겨울 점퍼는 대성공했다. 1967년에는 이미 경제적으로 확고한 기반을 잡게 되었다. 이때 브라질 한인의 60%가 그의 사업과 관련된 경제 활동을 했는데 바느질을 하청받거나 완제품을 행상으로 판매했다. 그의 후손들은 봉헤치로와 미국 자바 시장까지 진출하여 활동하고 있다.

김석훈. 37세에 2남3녀를 데리고 1964년에 브라질에 왔다. 어느 날 한 브라질 남자가 시장에서 점퍼를 하나 샀는데 옷이 마음에 들지 않는다고 푸념하는 소리를 듣게 되었다. 신사 양복에 비하면 아무 것도 아닌 홑점퍼였다. 그는 나일론으로 점퍼를 만들기 시작하였다. 4월부터 추위가 왔다. 추위에 만든 점퍼는 불티나게 팔렸다. 부인은 재봉도 모르고 왔는데 선수가 되었다. 다른 사람들은 여기저기서 여자 옷을 만들기 시작했다. 처음에는 집집마다 마룻바닥에 원단을 깔고 손으로 가위질을 했다. 의류 제품에 전기 재단 칼을 쓴다는 것을 알지 못했다. 1970년대에 들어서면서 한인들의 봉제업은 본격화되었다. 새로 오는 이민자들도 자연스럽게 의류 제품으로 흡수되었다. 한인 동네에서는 재봉틀을 밟는 소리가 밤낮으로 끊이지 않았다.

지금 브라질에는 한인 5만 명이 살고 있다. 이민 역사 50년이 넘은 지금도 여전히 많은 한인이 봉제업을 하고 있다. 대부분 상파울루에 거주하면서 의류업(4,300개 사), 무역, 요식업, 유통업 등에 종사하고 있다. 한국인 유학생도 80명 정도인데 상파울루와 쿠리치바에서 포르투갈어를 공부한다.

브라질에서의 한인 봉제 산업

한인 의류업은 발전해 왔다. 1960년대는 태동기이다. 한인들은 의류업을 주도하던 유대인과 아랍인 업체로부터 하청을 받아 바느질을 했다. 유대인은 기본적인 디자인 의류를, 아랍인은 저가 의류나 청바지를 생산했다. 당시 브라질 부자들은 프랑스나 이탈리아에 직접 여행 가서 품질 높은 의류를 구매했고, 중산층 이하는 브라질에서 생산된 단순한 디자인의 제품을 샀다.

1970년대는 발전기이다. 의류 산업에 뛰어드는 한인이 증가했다. 브라질이나 유럽의 디자인을 참고해서 생산하여 마진을 붙여서 팔았다. 한인 의류 제품은 저렴하고 모델이 다양하여 인기가 있었다. "머리와 팔만 제대로 들어가는 옷이면 팔린다."고 할 정도였다.

1980년대는 도약기이다. 유럽이나 미국의 디자인을 참조하여 만들어 팔았다. 한국과 중국 등에서 원단을 수입하여 한인에게 파는 수입상도 등장했다. 한국의 재고 상품을 항공이나 선편으로 수입해서 팔기도 했다. 브라질에서 바느질이 어려운 재킷 등 겉옷이 인기가 있었다. 한인 의류업은 '생산·도매업', '소매업', '벤데도르(vendedor : 생산과 소매를 연결해 주는 중개 역할)',

'부속품업', '원단', 가공 서비스(염색 등) 등으로 세분화되어 밸류 체인이 형성되었다.

1990년대는 전성기이다. 한인의 의류 생산 밸류 체인이 자리 잡았다. 유럽, 미국 등 해외 패션 시장을 직접 방문하여 의류를 구입해서 디자인을 참조했다. 해외에 나가지 못하는 사람들은 패션 잡지 등을 참고했다. 해외 패션 잡지는 인기가 있었다. 한편 중국에서 완제품을 수입하는 업체들이 조금씩 생기기 시작했다.

2000년대부터 현재까지는 성숙기이다. 전문 디자이너를 채용하는 등 시스템을 갖춰서 생산하는 한인 업체가 증가했다. 한인 자체 브랜드는 Malagueta Fashion, Rery 등이 있다. Renner, C&A 등의 브라질 의류 기업에 OEM으로 공급하기도 한다. 플러스 사이즈, 속옷, 파티복, 남성 의류, 양말 등을 취급하는 한인들도 생겼지만 아직 대부분이 여성 의류를 취급한다. 한인 중에는 높은 자본력을 바탕으로 위기를 극복해 성장하는 업체도 있지만 폐업하는 경우도 생겨났다. 중국으로부터 저가의 원부자재와 완제품의 수입이 증가했다. 중산층의 증가로 Zara 등의 브랜드 제품 소비가 증가했다. 한인의 바느질 하청을 받았던 볼리비아와 페루 사람들이 직접 의류를 생산하기 시작했다. OEM으로 납품하던 중국 업체들도 직접 의류를 수입 판매하거나 생산하기 시작했다. 1990년대 말부터 한인 간에는 봉제업이 작년보다 못하다는 말이 매년 나오고 있다. 한인들은 그동안 봉제업에 집중했는데 이제는 또 다른 50년을 먹고살 수 있는 비즈니스가 필요한 것을 느끼고 있다.

한국과 브라질의 최근 경제 교류

2016년 기준 한국은 브라질에 전 세계에서 19번째로 많이 수출하고 29번째로 수입을 많이 한다. 한국이 브라질에 수출하는 품목은 자동차 부품, 무선 통신 기기, 자동차, 평판 디스플레이, 반도체 등이다. 수입은 금속 광물, 농산물, 철강 제품 등 1차 산품이다. 브라질의 경기가 좋았고 우리 기업의 투자 진출이 늘었던 시기인 2011년에는 양국의 교역이 180억 달러를 기록했으나 이후 브라질의 경기 침체로 줄었다.

2017년 현재 브라질에 진출한 우리 기업은 121개 사이다. 1972년에는 포스코가 최초로 진출했다. 1995년에는 삼성전자와 LG전자가 아마존 마나우스의 자유무역지대에 전자 제품 공장을 세웠다. 2000년 이후 한국 기업의 투자 진출이 본격화되었다. 2008년에 현대자동차와 동반 업체들이 진출했다. 2017년 현재 한국 기업의 진출 분야는 제조업, 도·소매업, 서비스업 등이다. 제조업은 자동차, 자동차 부품, 전기·전자·정밀기기, 화학 및 의약 등이 있다. 브라질에 진출한 우리 기업은 완제품 생산을 위해 브라질 원부자재를 구매하기 때문에 브라질 기업의 제품 품질이 향상된다.

지난 2년간 우리 기업의 활동을 보면 2016년 포스코-동국제강-VALE, 50억 달러 합작 투자 제철소 완공, 현대차의 시장 점유율 4위 달성, 효성의 스판덱스 시장 점유율 70% 달성, 삼성·LG전자의 TV·스마트폰 시장 점유율 1위, CJ의 대두유 생산 셀렉타사 인수, KAI의 Embraer에 날개 부품 공급 계약 등이 있었다. 제약·의료 분야에서도 브라질 제약회사와 한국 회사가 기술 협력을 하는 것도 활발하다.

한국 기업의 투자 진출 성공 사례 중 하나는 효성이다. 스판덱스 원사를 생산하는 효성이 브라질에 2012년에 진출했을 때 브라질 시장 점유율은 30%였고 듀폰이 70%였다. 효성이 자사 제품의 고객인 의류 제조 업체를 직접 만나 스판덱스 원사의 개선이 필요한 사항을 청취하고 제품 생산에 반영했다. 예를 들면 기존 생산 제품에서 스판덱스의 비율을 조정하거나 장력을 적정 수준으로 조정하는 조언을 했다. 고객사의 제품 품질도 덩달아 좋아졌다. 효성은 한 고객 사정에서 해결한 노하우를 다른 업체에 활용하는 컨설팅도 했다. 지금은 시장 점유율이 역전되어서 효성이 70%이고, 듀폰은 30%이다.

02

전통이 강한 중국

중국의 역사

중국은 오천년 역사 동안 통일왕조를 이룩하기 위해 노력했고, 이 과정에서 형성된 중화사상은 중화민족의 근간이 되었다. 비단, 도자기 등 고대부터 우수한 제조 기술을 독점적으로 발전시켜 왔다. 중국의 기원인 황하문명은 기원전 3000년경에 발생한 것으로 추정되지만 오늘날까지 정체성을 간직하고 있는 유일한 4대 문명이다.

문명 발생 이후 중국 본토에서는 하, 상, 주 등 왕조가 흥망을 반복했으며, 춘추전국시대를 거친 기원전 221년에 진시황이 최초로 중국을 통일했다. 진시황 사후에 통일과 분열을 거듭했지만 진나라가 뿌려 놓은 '통일 중국'의 씨앗은 한나라의 탄생으로 이어져 현재 중화민족의 대부분을 차지하는 한족의 기틀을 세우게 되었다.

이후 '초한지', '삼국지'로 유명한 초한 병립 시대와 위진 남북조 시대를 겪은 중국은 당나라에 이르러 서방과 활발히 교류하게 된다. 당나라는 전통 중국 문물을 빌전시킨 왕조로, 당 현종이 다스리던 713년부터 741년까지의 28년간은 '개원(開元)의 치(治)'라는 태평성대로 평가받는다. 이때 서양 문화와 교류가 가장 활발하여 당나라는 페르시아, 이슬람 제국, 동로마제국과도 교류했다.

중국은 비단과 직물 기술을 수백 년간 독점했는데, 고대부터 비단과 양잠 기술의 외국 전파를 엄격히 통제했다. 당나라 때의 비단 생산은 전성기여서 생산량과 품질 모두 뛰어난 수준에 이르렀다. 당시 세계 각국의 상인들은 중국의 비단을 사기 위해 낙타를 타고 수만 리가 넘는 사막을 건너 '실크로드'라고 불리는 비단길을 다녔는데, 이를 통해 중국 문화가 서양에 전파되었다.

1616년에 건국된 중국의 마지막 통일 왕조인 청나라는 전성기 때 영토가 현재의 중국 영토보다도 넓었다. 그러나 학문을 중시하는 풍조와 화기에 대한 연구와 제조의 금지령 등으로 인해 병서나 화기 수준은 낮았다. 청나라는 1839년과 1856년에 발생한 아편전쟁에서 완패해 러시아, 영국, 프랑스와 불평등 조약을 맺으면서 수난 시대가 시작되었다.

쇠퇴하는 청나라 말기에 양무운동과 같이 서양과 같이 산업을 일으켜 난국을 타개하고자 하는 근대화 운동이 일어났다. 양무운동의 이념은 부국강병을 위해 중국의 전통 체제를 유지한 채 서양의 기술만을 받아들이자는 것이다. 그러나 1884년 청불전쟁, 1894년 청일전쟁에서 연달아 패배한 이후 양무운동은 한계를 맞았다.

이에 서양의 기술과 정치 제도를 도입하여 근본적인 근대화를 실현해야 한다는 변법자강운동이 추진되었고, 서양을 따라 국회를 만들고 헌법도 제정했다. 그러나 수구세력의 반대로 백일천하로 끝났으며, 서구열강의 이권침탈이 심화되면서 청나라는 사실상 서양의 반식민지로 전락했다. 이후 1911년 신해혁명으로 지방 정부들이 독립을 선언하면서 아시아 최초 공화제 국가인 중화민국이 수립되었다.

근대에 서구의 침략에 시달린 중국은 유교를 발전의 저해 요소로 지목하고 공산주의를 새로운 운영 체계로서 받아들였다가 다시 공자 사상으로 돌아가고 있다. 공산주의는 실패한 사상으로 판명이 났고 이에 따라 중국은 서구식 시장경제로 급속히 전환하고 있는데 이 과정에서 서구의 철학, 도덕, 종교까지 중국에 이식되면서 중국의 가치 체계가 무너질 것을 우려하여 공자 사상을 다시 찾는 것이다.

공자 사상은 체계가 구축되어 있고, 일반 국민들이 익숙해 있어서 현대에 맞게 보완하여 사용할 수 있다. 나아가서 중국은 공자 사상을 전파하기 위해 2004년부터 전 세계에 공자학당을 세우고 있는데 현재는 450개 소에서 중국의 문화와 언어를 전파한다. 우리나라에도 전국 대학에 23개가 운영되고 있다.

각 대륙을 대표하는 대국인 중국과 브라질

브라질과 중국은 각 대륙을 대표하는 대국인데 브라질에 비해서 중국은 세계 2위의 경제대국으로 빠르게 성장했다. 중국의 1인당 GDP도 2015

년 기준으로 브라질의 93%까지 따라 잡았다. 브라질은 농업, 광물 등이 아직도 주력 산업이지만 중국은 제조업 및 ICT 분야에서 경쟁력 있는 기업이 많아졌다. 2016년 기준으로 『포춘』 500대 기업 리스트에 중국 기업은 제조업 및 ICT 등 110개 사가 있다.

중국의 브라질 진출이 브라질의 중국 진출보다 활발하다. 중국에 사는 브라질인은 2014년 기준으로 1만 6,000명이다. 브라질은 중국에 2001~2012년에 4,500만 달러를 투자했다. 브라질 헤알화가 강세일 때 브라질 기업들은 제품을 중국에서 생산하여 브라질로 가져오기도 했다. 브라질에 사는 중국인은 실제로는 훨씬 더 많지만(추정치 200만 명) 공식 통계 기준으로는 25만 명이다. 중국의 브라질 투자는 2016년 1~8월의 M&A 기준으로도 106억 달러에 달한다. 금융, 에너지, 수력, 광산, 항공사 등 광범위하게 투자했다. 이미 4대 국영은행인 중국은행, 중국공상은행, 중국농업은행, 중국건설은행이 브라질에 진출했다. 그 중 중국건설은행은 2014년에 브라질 중견은행인 BicBanco를 7억 달러에 인수하면서 브라질에 진출했다.

브라질의 중국에 대한 인식은 바뀌어 왔다. 1990년대까지만 해도 중국은 '싸구려 소비재 생산국'이었다. 그러나 2001년에 중국이 WTO에 가입한 이후 소형 기계 장비 등 괜찮은 중국산이 브라질에 수입되면서 중국에 대한 인식이 변화하기 시작했다. 지금 중국은 브라질의 최대 수출 대상국이고, 중국에서 투자를 유치하기 위해 큰 공을 들인다.

자원 면에서 브라질은 중국보다 풍부하다. 브라질은 세계 5위의 국토 면적에 전국이 녹색 지대이다. 다양한 광물 자원이 매장되어 있고 비옥한 땅에서 곡물, 채소, 과일 등이 풍부하게 재배된다. 반면에 중국은 세계 4위의 큰 땅을 갖고 있지만 국토의 28%가 사막이고, 1인당 자원 보유량은 세계

평균에 못 미친다.

브라질 경제 전문가들이 말하는 중국이 브라질보다 성공한 이유는 다음과 같다. 중국은 공산당 체계 하에서 일관된 경제 정책을 추진한 반면에 브라질은 정권에 따라 경제 정책이 오락가락했다. 중국은 1953년부터 지금까지 13차례의 5개년 경제개발계획을 통해 중공업, 석유화학 등 기간산업을 잘 구축했다. 브라질도 1970년대 2차례의 경제개발계획을 추진하여 산업 기반은 만들었으나 더 높은 부가가치를 창출하지는 못했다. 중국의 인구 대국 효과가 브라질보다 더 크다. 중국 인구 13억 명으로부터 1원씩 모으면 13억 원이지만, 브라질은 2억 원이다. 중국은 1979년 덩샤오핑의 개혁개방 정책에 의한 외국인 투자유치 등으로 고속 성장을 창출했다. 브라질에 투자한 외국 기업이 주로 채용한 인력은 단순 노동자여서 브라질의 고급 인재가 육성되지 않았다. 중국은 민영기업 활성화로 기업의 자율성을 보장했지만 브라질은 소수 기업들이 시장을 독과점하여 기업 경쟁력이 떨어졌다. 세금 부담이 커서 창업과 기업 운영이 어렵다.

두 나라의 국가 체계 차이

위와 같은 경제 정책적인 요인도 있지만 '전통', '개혁', '주변국' 등으로 구축된 국가 체계의 차이가 오늘날 브라질과 중국에 다른 성과를 가져온 원인이다.

전통의 차이를 보자. 브라질은 500년, 중국은 5,000년 된 나라이다. 브라질은 500년 전 포르투갈이 발견한 1500년에 시작되었지만 국가 체계를 본격 갖추기 시작한 것은 1808년 포르투갈 왕가가 브라질에 이주하면서부터이다. 이때부터 법률, 제도, 대학, 은행, 조선소, 도서관, 인쇄소 등이 설치되었다. 유럽의 약체국가로 평가받는 포르투갈의 체계가 이식되었다.

브라질은 1930년부터 산업화를 시작하였다. 중국은 18세기까지 세계 강대국이었다. 1820년에는 전 세계 GDP의 1/3을 차지했다. 중국의 3대 발명인 화약, 나침반, 종이 인쇄술은 유럽이 암흑기에서 빠져나오는 데 기여했다. 서구는 중국에서 비단, 양념류 등을 구입하기 위한 대금을 마련하기 위해서 금, 은을 찾으러 신대륙으로 갔다.

중국은 세계에 영향을 준 경험이 있는 나라이다. 중국은 산업화는 1949년부터이지만 오랜 전통의 수공업과 상업은 제조업이 빠르게 성장하는 기반이 되었다. 공자, 맹자와 같은 사상 체계도 기원전에 만들어졌다.

두 나라는 개혁의 과정이 다르다. 브라질은 1822년에 포르투갈에서 독립하였고, 1889년에 왕정에서 공화정으로 전환한 후 1946년에 군사정권을 벗어나 민주화되었다. 권력 구조의 변화에도 불구하고 지배층과 피지배층의 교체는 없었고 토지개혁 등 경제 분야의 개혁도 없었다.

지금 브라질의 상위 3%가 전체 농지의 2/3를 갖고 있다. 이렇게 된 배경은 과거부터 중앙정부는 브라질의 큰 영토를 통치할 수가 없어서 포르투갈 귀족에게 관리를 위임했고 귀족들이 반란을 일으키지 않는 한 그들의 기득권을 계속 인정하고 부정부패를 눈감아 주었기 때문이다.

토지 소유의 극심한 편중에 저항하여 빈농들은 1984년부터 무토지농민운동을 벌이고 있다. 이들은 '경작자가 땅을 소유해야 한다.'는 원칙 하에 토지재분배와 농지개혁을 요구하면서 경작되지 않는 토지를 강제로 점거하는 방식을 취하고 있다.

중국은 진시황 이후부터 대륙의 통일은 본능적인 성향이 되었지만 이후에도 분열과 통합의 역사가 반복되었다. 이 과정에서 부의 재분배 등 개혁이 뒤따랐다. 근대에도 1949년에 중화인민공화국이 수립되면서 1952년에 모택동은 토지개혁을 실시했고, 1978년에 등소평의 개혁·개방 정책을 통해서 사회주의 시장경제로 전환되었다. 또한 WTO 가입 등으로 도약의 발판을 확보했다. 그리고 중앙 집권적인 행정 체계가 국가 운영의 플랫폼이 되었다.

중국과 브라질은 두 나라를 둘러싼 주변국과의 관계가 다르다. 주변국은 경쟁을 자극하거나 배울 점을 제공한다. 강대국들도 주변국과 전쟁을 겪으면서 성장한다. 싸울 계획을 세우고, 군인과 군수물자를 모으고, 전쟁터로 이동시켜서 싸운다. 계획을 세우고 동원하고 실행하는 과정을 통해서 국가 체계가 정립되고 국민이 단결된다.

브라질은 역사상 두 번의 전쟁을 치렀는데 1864~1870년의 파라과이를 상대로 한 전쟁 과정에서 진정한 군대가 만들어졌을 정도로 국가 체계가 느슨했다. 지금 브라질의 주변 10개국에서 브라질의 1/3 규모인 아르헨티나만 브라질과 경쟁할 만한 나라이고 나머지는 고만고만하다. 경제적으로도 주변국들은 브라질한테 도움 받을 일은 있어도 브라질이 그들한테 덕을 볼 일은 없다.

중국은 분열과 통일을 반복해 온 나라로 전쟁이 많았다. 중국이 분열해서 혼란스러울 때는 한반도가 평화로웠다. 지금도 중국은 자국이 주변국에 포위되었다고 생각한다. 동쪽으로는 한반도에서 한국전쟁 때 미국과 충돌했다. 대만에는 자주적 노선의 정치 세력이 있고 대만이 미국에서 무기를 구입할 때마다 중국은 민감하게 반응한다. 서쪽의 티베트와 위구르의 독립

• 무토지농민운동 •

토지 없는 빈농들의 농지 점거 운동이다. 극도로 편중된 토지 소유의 집중에 반발해 1984년에 처음 무토지농민운동(Movimento dos Trabalhadores Rurais Sem Terra: MST) 농민단체가 설립되었고, 이들은 '경작자가 땅을 소유해야 한다.'는 원칙 하에 토지재분배와 농지개혁을 요구하고 있다. 또 경작되지 않고 있는 농장을 강제로 점거하는 방식으로 농지개혁 의지를 표출하고 있다. 농장주들은 MST에 조직적으로 맞서기 위해 농촌민주연맹(USR)을 결성했으며, MST의 농장 점거를 불법 침입으로 규정하여 양측 간 유혈 충돌이 발생하기도 했다.

룰라 전대통령은 농지개혁에 강력한 의지를 보여 왔기 때문에 MST는 좌파정당인 노동당(PT)과 연대하고 있다. 2017년 7월에도 MST는 상파울루 주를 비롯한 전국 6개 주에서 농장을 점거하여 시위를 벌였는데, MST가 점거한 농장의 소유주는 테메르 대통령의 친구이자 보좌관을 지낸 주앙 밥 치스타 리마 필류, 블라이루마기 농업장관, 히카르두 테이셰이라 전브라질축구협회(CBF) 회장, 그리고 한때 브라질 최대 갑부였던 에이케 바치스타 등이다.

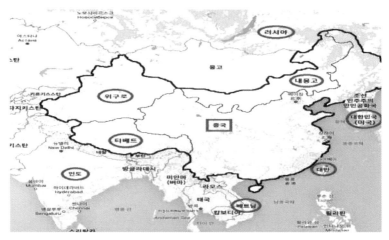

중국과 주변국

요구에 중국은 민감하다. 티베트의 달라이라마가 어느 나라를 방문하려고
하면 중국은 거친 외교수단을 동원해서 막는다. 티베트는 아직도 중국의
동화 정책 때문에 중국과 같은 시간대를 써서 아침 7시인데도 칠흑같이
어둡다.

인도와는 1959년, 1962년에 국경 충돌이 있었고 아직도 국경선이 확정
되지 않은 상태이다. 같은 대국 인도는 중국의 급성장을 경계한다. 중국은
남쪽에서는 베트남과 국경 분쟁이 있었고, 북쪽에서는 러시아와 경쟁 관계
이고, 내몽골은 독립 가능성이 있다. 서쪽의 티베트와 위구르, 북쪽의 내몽
골이 중국에서 분리되면 중국은 영토의 상당 부분을 잃을 것이다. 내몽골
만 해도 중국 영토의 12%이다. 한반도 정권인 고구려도 터키계인 돌궐족
과 협력하여 수나라를 견제했던 역사가 있다.

근대에도 청나라는 1842년에 아편전쟁에 패배하고 1949년에 중화인민공
화국을 수립할 때까지 영국, 미국, 프랑스, 독일, 러시아, 이탈리아, 일본, 오

스트리아, 네덜란드 등 열강의 각축장이 되었다. 강대국의 자부심이 무너지면서 '낙후되면 침략당한다.'는 교훈을 얻었다. 국가 발전을 위한 동기가 축적되었다. 제2차 세계대전 후에도 소련과의 경쟁, 일본·한국·홍콩·대만·싱가포르의 경제직인 싱공 등으로 끊임없이 자극받았다. 중국은 성공한 주변국의 경제 개발 모델을 따랐고, 이들로부터 자본과 기술도 얻었다.

오히려 지금은 주변국이 중국의 부상을 걱정한다. 왜냐하면 중국은 큰 내수시장을 갖고 있어서 모든 산업을 자체적으로 육성하려고 하기 때문에 주변국의 먹거리 산업에 영향을 준다. 유럽의 경우, 영국의 금융, 독일의 자동차·화학·제약, 프랑스의 항공우주·화장품·패션, 덴마크의 낙동, 네덜란드의 물류·화훼, 이탈리아의 패션·식품 등 수평적으로 분업하면서 서로 사고판다. 중국은 '전통', '개혁', '주변국'을 통해서 브라질보다 단단한 체계를 갖게 되었다.

03

영국식 체계를 갖춘 호주

호주의 역사

200년 동안 영국의 식민 지배를 받은 호주는 국가 형성 초기부터 영국식 체계를 계승했고 오늘날까지 양국은 밀접한 관계이다. 17세기 포르투갈, 스페인, 네덜란드인들에 의해 호주 대륙의 존재가 최초로 인지됐다. 1788년에 영국은 미국의 독립에 따른 새로운 죄수 유배지, 경제적 이유와 해군기지 설치 등의 군사적 이유로 호주를 주목했다. 시드니에 죄수 등 1,530명의 영국인이 오면서 호주의 식민지 역사가 시작됐다. 이후 죄수는 80여 년간 16만 명이 왔다. 현재 6개 주의 기원이 되는 6개 식민지가 건설되었는데 식민지별로 독자적 행정 및 조세의 체계를 보유하면서 국가 형태를 갖추기 시작했다.

1851년에 호주 남동부 뉴사우스웨일즈 주에서 금이 발견된 이후 경제 호황이 이어졌고 이민이 급증했다. 건설, 교통, 통신 등이 구축되고 각종 산업이 발달하면서 자본주의가 정착했다. 19세기 후반에 영국의 대중교통 시스템인 전철이 설치되기 시작했고, 영국과 같은 좌측통행과 자동차의 오른쪽 운전석이 채택되었다. 그러나 이와 같은 통신 및 운송 체계는 대부분 시드니, 멜버른 등 해안 도시에만 집중되었다. 한편 1876년에 영국인 휴 매더슨(Hugh Matheson)이 오늘날 세계 2위 광산 기업으로 성장한 리오틴토(Rio Tinto)를 설립하여 철광석 채굴을 시작했는데, 리오틴토는 호주와 영국에 상장되어 있다.

1887년 골드러시에 의한 노동력 부족을 메꾸기 위해 저임금 중국인 노동자(Coolie)가 대규모로 유입되면서 호주는 유색인종에 대한 배척 운동인 백호주의를 시작했다. 이는 백색 단일 인종의 공동운명체 의식을 고조시켰고 연방제 운동이 본격화된 계기로 작용했다. 1901년 6개 식민지가 연합해 호주 연방이 탄생되었다.

영연방의 일원인 만큼 영국의 체계를 계승한 흔적은 호주 곳곳에서 드러난다. 호주는 영국 여왕을 국가원수로 하는 입헌군주제 국가이다. 정치 제도는 미국식 연방 제도와 영국식 의회 주권에 입각한 내각책임제를 혼합했다. 대학도 영국과 같이 3년제이다. 영국에 관한 소식은 호주 TV를 통해 거의 매일 방송되며 영국의 일일 드라마가 호주 TV 시청률 상위권을 차지하기도 한다. 20세기 초까지 호주 수출의 70%, 수입의 50%는 영국을 상대로 하고 있었다. 물론 현재는 그 비중이 감소했으나 호주에 대한 영국의 영향력은 오늘까지 이어지고 있다. 호주의 총인구 약 2,413만 중 96%가 유럽계 백인으로 구성되어 있으며, 이 중 영국계는 90%이다.

영국 체계가 이식된 호주

호주와 브라질은 부러울 정도로 평화로운 나라이다. 시드니의 한 골프 클럽 벽에는 매년의 대회 우승자가 쓰여 있다. 우리가 한국전쟁으로 고통을 받았던 1950~1953년에도 우승자의 이름이 있었다. 그때 호주인들은 골프를 하면서 전쟁으로 참혹한 한국의 모습을 지금 우리가 TV로 시리아 내전을 보는 느낌으로 보았을 것이다. 호주는 한국전쟁에 참가하는 미군에게 식량, 면 등을 공급하는 병참기지 역할을 하면서 경제적으로 호경기였고 풍요로웠다.

다른 나라가 쳐들어올 일이 없는 브라질의 도시는 목요일과 금요일이 되면 술집의 인파가 거리까지 넘친다. 시골에서도 거리는 어둡고 생활수준은 낮아도 사람들은 가게에서 맥주를 먹으면서 TV로 축구를 보기도 하고 당구를 치면서 평화롭게 지낸다.

브라질과 호주는 같은 자원부국인데도 불구하고 경제 성과는 다르다. 두 나라 모두 10대 수출품은 광물, 곡물 등으로서 1차 산업 국가이다. 자원은 브라질이 호주보다 많다. 국토만 보더라도 브라질은 온 땅이 녹색인데 호주는 국토의 70%가 사막이다. 자원부국의 역설을 생각하면 두 나라가 같이 발전되지 않아야 하는데 호주는 1인당 국민소득이 5만 달러가 넘지만 브라질은 1만 달러가 안 된다. 물론 호주의 1인당 국민소득이 높은 것은 브라질 인구의 1/10에 불과한 것도 한 이유이다.

호주가 짧은 역사에도 불구하고 선진국이 된 것은 영국 영토가 확대된 개념에서 영국식 체계가 호주에 그대로 이식되었기 때문이다. 호주는 영국이 1778년부터 식민지로 개척하면서 기독교 문화에 편입되었고, 1851년부터 시작된 골드러시 이후 영국과 유럽인이 호주로 건너와서 그들이 갖고 있는 자본, 지식, 기술을 호주에 이식했다. 호주는 세계를 주도하는 영국과 미국을 따르면서 혜택을 얻었다. 초기에는 영국과 교역하면서 성장했다. 식민종주국에 대한 반감이 거의 없어서 지금도 호주의 국가원수는 영국 여왕이다. 1999년 국민들에게 영국에서 독립하여 공화국으로 전환할지를 물었으나 국민들은 현재의 영연방으로 남아 있기를 희망했다. 제1, 2차 세계대전 때는 영국에게 받은 도움을 갚기 위해 호주는 영국의 연합군으로 자발적으로 참전했다. 제2차 세계대전 때 호주 군인은 영국을 위해 싱가포르에서 일본과 전투를 벌이다가 일본군에 포로로 잡히기도 했다. 식민모국 영국과 식민지 호주의 관계는 일본과 한국의 상황과는 다르다.

호주는 미국과 영국의 체계를 이어 받았다. 교육 체계를 예를 들면 외국 학생이 학기 중에 호주 학교에 입학을 원하면 입학 담당관은 이미 만들어진 평가 시스템으로 반나절 만에 학생을 평가해서 몇 학년에 들어가는 것이 적당한지를 결정한다. 입학 이후의 교육 과정에서도 학생의 시험 결과를 다각도로 평가한다. 시험 문제는 단순한데 평가 결과는 분석적이다. 호주 학교의 입학, 교육, 평가, 졸업 등의 과정은 영미식이다.

많은 한국인도 어학연수와 정규 교육을 받기 위해 호주로 간다. 유학생 유치는 호주의 중요한 수출 산업이나 마찬가지이다. 호주는 한국 학생들에게 대륙도 다르고 시차도 다른 미국이나 유럽에 가기보다는 같은 아시아권에 있고 시차도 거의 없는 호주로 올 것을 강조하기도 한다.

제2차 세계대전 이후 세계 패권이 영국에서 미국으로 넘어가면서 호주는 따라야 할 목표를 미국으로 정했다. 1960년대부터 호주인들이 미국의 라디오 방송을 듣기 시작하면서 미국의 영향력이 빠르게 전파되었다. 호주인의 영어 발음도 미국식으로 바뀌고 있다.

미국이 아메리카, 영국이 유럽을 맡고, 호주는 아시아를 맡는 역할을 하면서 미국과 영국에 정치·외교·군사적으로 협력 관계를 유지한다. 영미식의 체계를 따르는 호주는 아직도 백호주의의 정서가 저변에 있다. 2000년 초에 한 교포는 시드니에 있는 골프클럽에 가입하고자 회원가입 신청서를 가져갔다. 클럽은 대기자가 많아서 한참을 기다려야 한다고 말하면서 신청서를 받으려 하지 않았다. 교포는 오랫동안 기다릴 수 있으니 일단 내겠다고 했는데 클럽에서는 수십 년을 기다릴 수 있냐고 물었다고 한다.

호주가 1980년대 초에 백호주의를 포기한 것은 인도주의적인 이유보다는 인근 아시아 국가와 경제 교류 없이는 발전할 수 없었기 때문이다. 2016년 기준으로 호주 수출의 약 80%가 아시아로 향하고, 2015년 기준 호주를 방문하는 관광객의 64%가 아시아인이기 때문에 백호주의를 포기할 수밖에 없었다. 아시아에 대한 영향력 확대를 원하는 호주는 동남아국가연합(ASEAN)의 가입이 숙원이다.

미국과 영국이 국제 질서를 주도하는 강대국이기 때문에 호주는 영국이나 미국 시스템의 도입에 거부감이 없이 두 나라의 친구로 계속 지낼 것이다. 호주 위쪽에 있는 인도네시아는 호주가 신경 쓰는 국가여서 군사적으로도 미국이나 영국의 도움이 필요하다. 호주는 몸은 아시아에 있으나 마음은 유럽이나 미국에 있다. 그들이 갖고 있는 각종 체계가 그렇다.

04

네트워크가 강한
이스라엘

이스라엘의 역사

이스라엘은 강원도 면적과 비슷할 정도로 작지만 선진국이다. 고대 이스라엘의 역사는 기원전 17세기 성서 시대까지 거슬러 올라간다. 기원전 1020년경에 사울은 가나안 땅에 고대 히브리 왕국을 세웠다. 후계자 다윗은 수십 번의 전쟁을 통해 12지파로 갈라진 이스라엘 민족을 통일했으며, 예루살렘을 정복하여 왕국의 수도로 삼았다. 이후 솔로몬 왕의 통치 말기에 이스라엘 왕국은 분열되었다. 이때까지가 유대 민족이 독립된 나라를 가졌던 때이고, 이후부터는 중동과 페르시아 제국들이 바톤을 이어받으며 이스라엘을 지배했다. 유대인들은 페르시아, 그리스 시대를 거치면서 그리스, 로마 등 주변국으로부터 지배당하고 이스라엘 땅에서 추방되었다. 추방된 유대인들

이스라엘의 역사

시대	연대	내용
성서 시대	BC 17세기	아브라함, 이삭, 야곱 시대
	BC 13~12세기	출애굽 및 이스라엘 정착
	BC 1020년	왕국 성립(초대 왕 사울)
	BC 960년	제1차 성전 건설(솔로몬 왕)
	BC 930년	북 이스라엘과 남 유다로 왕국 분열
	BC 722~720년	앗수르 왕국, 이스라엘 정복
	BC 586년	바벨론 왕국, 유다 정복, 제1차 성전 파괴
페르시아/그리스 시대	BC 538~515년	바벨론 포로 귀환, 제2차 성전 건설
	BC 332년	그리스(알렉산더 대왕), 이스라엘 정복
	BC 142~63년	하스모니안 왕조 시대
	BC 63년	로마 제국, 이스라엘 정복
로마 시대	BC 63~AD 4년	헤롯 대왕, 이스라엘 통치
	20~33년	나사렛 예수의 공생애
	66~70년	유대 대반란, 제2차 성전 파괴
	132~135년	로마에 대한 바르 코크바의 반란
비잔틴, 아랍, 십자군, 맘루크 왕조 지배	313~636년	비잔틴 지배
	636~1099년	아랍 지배
	1099~1291년	십자군 지배
	1291~1516년	맘루크 왕조 지배
오스만 시대	1882~1917년	
영국령 시대	1919~1948년	
이스라엘 건국	1948년	5월 14일 독립 선언

＊자료원 : KOTRA 이스라엘 국가 정보

은 주로 유럽, 북아프리카, 중동 등지로 뿔뿔이 흩어졌다.

1096년에 첫 십자군 전쟁이 일어난 이후 영국(1290년), 프랑스(1394년), 스페인(1492년), 리투아니아(1495년), 포르투갈(1497년) 등 유럽 국가에서는 자국에 거주하는 유대인들을 추방하기 시작했다. 예수의 죽음을 유대인의 책임으로 전가시키면서 기독교인들에 의한 유대인 탄압이 있었다. 십자군의 이스라엘 지배 이후 오스만 제국이 이스라엘을 정복했다. 이 때문에 16세기 오스만 시대부터 20세기까지 유대인들은 러시아, 폴란드, 독일 각지로 데이주를 했다. 전 세계로 흩어진 유대인들은 단일 국가보다는 종교와 풍습으로 자신들의 정체성을 유지했다.

1890년대부터 해외에 살던 유대인들 사이에서 이스라엘을 국가로 재건해야 한다는 시오니즘이 시작되었다. 나치의 유대인 학살은 유대인 국가가 없었기 때문이라는 자성이 배경이 되었다. 제2차 세계대전이 끝난 1948년에 이스라엘은 영국의 위임 통치 종료와 함께 독립을 선언했다. 건국 이전부터 팔레스타인과 영토 분쟁을 해 왔던 이스라엘은 건국 후에도 주변 중동 국가들과 수차례 전쟁했다. 이스라엘은 미국 등의 지원 덕분에 승전했다. 현재에도 팔레스타인이나 주변국과 크고 작은 분쟁은 계속되고 있다.

전 세계 134개국에 흩어져 사는 유대인 수는 1,300만 명이 넘는다. 이스라엘에 800만 명이 살고 나머지는 미국에 528만 명이 산다. 기원전 586년 최초의 유배 이후 유대인들이 전 세계로 흩어져 살게 되면서 이스라엘 땅에 사는 유대인과 국외 거주 유대인 간에는 독특한 관계가 형성되었다. 전 세계 유대인들끼리는 유대교를 바탕으로 결속되어 있다. 유대인들의 동질감은 이스라엘 스타트업 기업에 큰 도움을 주고 있다. 이스라엘 창업자들은 뉴욕과 실리콘밸리에서 현지 유대인 네트워크를 통해 미국 지사를 설립하고 투자를 받는다. 이스라엘 정부도 해외에서 사는 유대인들의 고국 방문과 귀환을 장려하면서 유대인 공동체를 유지하기 위해 노력한다.

현대 이스라엘은 IT, 의료·바이오, 나노 등의 분야에서 새로운 기술을 활발히 개발하고 있다. 벤처 기업은 개발된 신기술이나 회사 자체를 다국적 기업에 매각한다. 이스라엘 벤처 기업은 창업, 성장, 상장/인수합병의 선순환 구조가 정착되었다. 또한 다이아몬드 가공 수출, 방산 물자 수출, 관광수입, 미국의 군사 원조와 종교단체 기부 등으로 경제를 꾸려 간다.

오래된 이스라엘과 브라질의 관계

브라질과 유대인의 관계는 오래되었다. 유대인은 브라질에 최초로 정착한 중산층이다. 1500년 포르투갈이 브라질을 발견한 이후 1630년에 유대인들은 기독교인들의 핍박을 피해서 브라질 북동부 페르남부쿠에 정착하면서 상업을 했다. 이후 브라질 상업 중심의 이동을 따라 유대 자본도 남쪽으로 내려왔다. 현재 브라질에는 12만 명의 유대인이 살고 있는데 정치·경제·사회적으로 상당한 영향력을 행사하고 있다.

최근에는 두 나라 사이에 갈등이 있었다. 2015년에 이스라엘 정부가 과거 유대인 정착촌 건설을 주도한 인사를 브라질 주재 대사로 임명했는데, 이를 브라질이 거부하면서 갈등이 벌어졌다. 결국 이스라엘은 다른 사람을 대사로 대체하면서 갈등이 해결되었다. 브라질은 이스라엘의 반대에도 불구하고 2010년에 팔레스타인을 독립국으로 인정한 바 있다.

포르투갈이 브라질을 식민지로 개척한 지는 500년이 되었고 국가 체계를 갖추기 시작한 것은 1808년에 포르투갈 왕가가 브라질에 이주하면서부터이다. 이스라엘은 역사가 5777년 된 나라이다. 유대인은 아담이 기원전 3761년에 창조되었다고 믿기 때문에 유대력은 양력에 3760년을 더한 것이다. 유대인들은 2,000년 전에 로마에 의해 이스라엘에서 쫓겨났지만 긴 공

브라질의 국토

이스라엘의 광야에 세워진 마을

백을 극복하고 1948년에 이스라엘을 다시 건국했다.

브라질은 두 번의 전쟁을 겪었지만 이스라엘은 중동을 호령한 수많은 제국으로부터 침략과 지배를 당했다. 지중해의 동쪽에 있는 제국들은 중동과 북아프리카의 중간에 위치한 이스라엘을 점령하지 않고는 지중해의 북, 동, 남을 아우르는 제국을 만들 수 없었기 때문이다. 이스라엘은 다윗,

솔로몬 왕 등 통일 왕국 시대 이외에는 중동을 다스린 이집트 신왕국, 히타이트 왕국, 아시리아 제국, 바빌로니아 왕국, 페르시아 제국, 마케도니아 왕국, 로마 제국, 비잔티움 제국, 사산 왕국, 칼리프 세력, 셀주크 왕국, 십자군 왕국, 살라딘 왕국, 몽골 제국, 오스만 제국, 유럽 등의 침략을 받거나 식민지로 지냈다. 그들의 쓰라린 경험은 성경에 잘 나타나 있다.

브라질은 '물리적 영토'가 크고 이스라엘은 '사상적 영토'가 크다. 인구 2억 명의 브라질은 큰 영토로 아메리카 대륙에서 절대적인 영향력을 갖고 있다. 땅이 풍요로워서 해외에 나가서 살려는 수요가 없다. 이스라엘의 크기는 브라질의 1/410이다. 인구는 800만 명인데 전 세계 유대인을 합쳐도 1,300만 명이다. 해외의 유대인이 많아서 유대인의 글로벌 네트워크가 형성되어 있다. 이스라엘은 유대교의 구약성경을 통해서 서구의 사상에 절대적인 영향을 주었다.

브라질은 '풍요'와 '낭만', 이스라엘은 '척박'과 '엄숙'으로 정의할 수 있다. 브라질은 강렬한 햇볕과 풍족한 비는 전 영토를 수목원으로 만들었고 땅에서는 풍부한 곡식과 과실이 나온다. 풍부함은 사람들을 온순하고 착하게 만들었다. 화려한 삼바 문화를 발전시켰다. 브라질 사람들은 작은 친절에도 상대방에게 엄지를 치켜세우고 최고라는 표시로 답례한다. 이스라엘은 건기 8개월은 비가 안 내리는 척박한 기후이다. 모든 식물은 관개 시설이 없으면 자랄 수 없다. 척박함은 신을 의지하는 유대교를 발전시키는 한 원천이 되었다. 제국들의 계속되는 침략은 사람들을 성마르게 만들었다. 유대인은 똑똑하지만 욕심 많고, 직선적이고, 급하다.

브라질은 치안 불안이, 이스라엘은 전쟁이나 테러가 걱정이다. 브라질은 주변국한테 공격받을 걱정은 없지만 심한 빈부 격차에서 오는 치안 불안이 고질적이다. 이스라엘은 국토가 작아서 중동 국가가 쳐들어오면 순식간에 점령당한다는 위기감이 있고, 팔레스타인이 언제 자신들에게 폭탄을 던질지 모른다고 우려한다. 비록 나라를 세웠지만 전쟁은 계속되었다. 이스라엘은 나라를 세운 이후 7번 전쟁을 했다. 9년에 한 번 꼴로 전쟁을 했는데 모든 전쟁에서 필사적으로 싸웠다. 국지적 분쟁도 계속되었다. 1990년 8월부터 1991년 1월에 이라크가 쿠웨이트를 침공했을 때 미국 등 연합군의 이라크 공습에 대한 대응으로, 이라크는 미사일로 이스라엘을 공격했다. 현재에도 이스라엘은 팔레스타인 영토인 가자지구를 둘러싼 분쟁이 진행 중이다.

브라질은 대국 체급에 맞는 국제 위상을 확보하는 것이 과제이고, 이스라엘은 2,000년 만에 어렵게 다시 자리 잡은 터에서 중동 국가에 의해 밀려나지 않도록 굳히기가 관건이다. 1948년의 이스라엘 건국 자체가 중동 분쟁의 원인이 되었고, 이후 자신보다 훨씬 덩치가 큰 중동 나라들과 7차례의 전쟁을 치렀다.

브라질은 내수이고 이스라엘은 미국 의존적 경제이다. 1930년부터 산업화를 시작한 브라질은 충분한 내수시장이 있기 때문에 민족자본의 형성에 주력했다.* 수입 대체 산업화, 종속이론, 해방신학 등 미국, 서구에 대해 독자적인 목소리도 냈다. 에너지, 항공, 식품 등에서는 브라질 토종 기업들

---

* 경제 개발에서 브라질은 민족주의적이고 멕시코는 신자유주의적이다. 멕시코는 NAFTA를 통해 미국과 자유무역을 하고 있다. 미국 기업들은 인건비가 저렴한 멕시코로 생산기지를 옮겼고 여기서 만든 제품을 미국 또는 제3국으로 수출한다. 많은 경제학자는 멕시코의 정책이 옳았다고 이야기하지만 아직 승패를 논할 수 없다. 멕시코는 미국의 하청 생산 기지로 되었다. 많은 토종 기업이 다국적 기업에 인수 합병되었는데, 특히 금융업에서는 토종 기업이 거의 사라졌다. 애초부터 부족한 기술과 자본으로 토종 기업을 육성하려는 브라질의 정책은 시간이 많이 걸린다.

이스라엘이 치른 전쟁

전쟁	내용
1차 중동전쟁(독립전쟁) 1947년 11월~1949년 7월	이스라엘은 시리아, 이라크, 요르단, 이집트, 팔레스타인, 아랍 지원군과 전쟁을 했다. 결국 유엔의 중재로 서안은 요르단, 가자는 이집트, 나머지는 이스라엘이 지배하기 시작했다.
2차 중동전쟁 (수에즈 전쟁, 시나이 전쟁) 1956년 10월	이집트가 수에즈 운하를 지배하자 영국과 프랑스는 이스라엘과 같이 이집트를 공격했다.
3차 중동전쟁(6일 전쟁)	이스라엘은 이집트, 시리아, 요르단을 기습적으로 공격하여 6일 만에 승리했다. 서안, 가자, 골란고원, 시나이 반도를 얻어서 이스라엘 국토가 세 배 확장되었다.
소모전 1967년 6월~1970년 8월	이스라엘은 시나이 반도를 빼앗긴 이집트와 팔레스타인 해방기구를 상대로 3년간 전쟁을 했다. 이집트 공군과의 공중전이 많았다. 수에즈 운하 부근에서의 소모적인 전쟁이었다.
4차 중동전쟁(대속죄일 전쟁) 1973년 10월	이집트와 시리아가 협조하여 이스라엘을 기습 공격했다. 초기에 이집트가 유리하게 전쟁을 이끌었으나 이스라엘이 효과적으로 반격했다. 미국의 압력으로 이스라엘은 물러났다. 이후 이스라엘이 점령했던 시나이 반도는 1979년 이집트에 반환됐다.
1차 레바논 전쟁 1982년 6월	이스라엘은 팔레스타인 해방기구를 몰아내기 위해 레바논을 공격했다. 1985년 레바논의 일부를 제외하고 이스라엘은 철수했다. 이스라엘은 승리했으나 마땅한 결과물은 없었다.
2차 레바논 전쟁 2006년 7~8월	국경에서의 분쟁과 이스라엘 군인이 납치된 것에 대한 대응으로 이스라엘은 레바논을 공격했다. 얻은 것이 별로 없는 전쟁이었다.

*자료원 : 『경제기적의 비밀』

을 육성했다. 반면에 이스라엘은 정보 통신에서 혁신 기술의 개발 능력을
자랑하는데 미국의 IT 기업들이 이스라엘 기술을 사 준 덕분에 성장했고,
세계적인 명성을 얻었다. 이스라엘 창업자들은 벤처 기업을 꾸준히 키워서

대기업으로 육성시키기보다는 기술 개발이 어느 단계에 이르면 다국적 기업에 매각한다. 이스라엘은 내수시장이 작아서 개발된 기술로 제품을 생산해서 팔아 봤자 이익이 안 되고, 상용화 경험도 없기 때문이다.

문화적 다양성은 두 나라의 공통점이다. 브라질은 유럽, 남미, 아시아(한국, 일본, 중국)의 이민을 받으면서 다른 나라의 문화도 도입되었다. 상파울루는 유럽, 중동, 아시아의 다문화의 집결지이다. 남부는 이탈리아, 독일의 분위기이다. 아프리카 노예가 많이 온 북부 살바도르는 나이지리아와 같다. 이스라엘은 독립 후 러시아 등 134개국에 흩어져 살고 있던 유대인 후손들이 이스라엘에 돌아오면서 가져온 다양한 문화와 과학 지식이 국가 발전을 도왔다. 나라 없이 해외를 떠돌 때 미국과 유럽에 깔아 놓은 네트워크도 큰 자산이다. 한편 브라질에 사는 혼혈·흑인이 백인에 비해서 사회적 지위에서 낮은 것처럼 에티오피아 유대인들은 이스라엘에 와서 차별적인 대접을 많이 받았다.

브라질과 이스라엘은 한국을 보는 시각이 다르다. 브라질은 1959년에 남한과, 2011년에는 북한과 수교했다. 남북한이 충돌하면 일방만을 편들지 않는다. 2010년 연평도 사건 때 브라질은 "한반도 긴장을 악화시키는 조치를 자제하고, 유엔을 통해 협의된 해결책을 모색할 것을 촉구한다."고 했다. 브라질은 세 차례에 걸쳐 북한에 옥수수, 콩 등을 제공했다. 이스라엘 언론은 남북한이 군사적으로 충돌하면 큰 관심을 갖는다. 이스라엘은 세계 10대 무기 수출국이다. 이스라엘은 팔레스타인, 시리아, 레바논 등 인접국과 분쟁을 많이 겪는데 남북한 대치 환경이 비슷하기 때문에 이스라엘제 무기는 한국에 유용하다. 과거 이스라엘과 이집트 간의 전쟁 때 북한 파일럿이 이집트 공군으로 참전하여 북한과 이스라엘의 관계는 좋지 않다.

이스라엘 네탄야의 러시아 마켓

브라질에서 한인 사회는 발전해 왔지만 이스라엘에서는 모든 외국인은 최대 5년까지밖에 살 수 없어서 교민 사회의 형성이 애초에 불가능하다. 브라질이 남미 출신 불법이민자를 사면령으로 정기적으로 합법화시키는 과정에서 한인들도 영주권을 확보했다. 한인들은 브라질에서 의류 산업을 일구었다. 1990년부터는 자유무역정책 이후 한국 대기업의 브라질 진출도 본격화되었다. 반면에 이스라엘에 사는 한인들은 신학 공부를 하는 학생이 대부분이다. 중동 국가의 이스라엘 적대 정책으로 이스라엘을 경유하여 다른 중동 나라를 방문하려면 입국에 애를 먹는다. 결론적으로 브라질은 넓은 땅에 다양한 문화를 흡수한 풍요와 관대의 나라이고, 이스라엘은 작고 척박한 환경에서 단단한 체계로 살아온 나라이다.

제4장

한국이 브라질 축구에서
얻는 교훈

세계 1등 축구를 보면 브라질과 한국이 어떤 길로 가야 할지가 보인다. 우리가 주도하는 시대를 열기 위해 삼바 축구의 철학과 같이 우리의 의지와 비전을 담은 한국형 철학을 만들어 나가야 한다. 한두 번의 승리가 아닌 궁극적인 우승을 목표로 국민을 꾸준히 이끌어 가는 한국형 체계를 발전시켜야 한다. 브라질 축구의 플레이 영토처럼 우리의 물리적인 영토는 작지만 전 세계를 우리의 경제영토로 삼아야 한다. 각 국의 프로팀에서 중요한 역할을 하는 브라질의 축구 선수처럼 우리나라도 전 세계의 누구나 필요한 필수재를 개발하여 우리의 경제영토에 퍼트려야 한다.

01

세계 1등 축구를 통해
한국이 가야 할 방향을 찾다

브라질 축구는 세계 최강이다. 월드컵 때마다 전문가들은 브라질을 우승 후보로 꼽고 브라질 국민들도 우승을 당연한 것으로 기대한다. 브라질은 축구월드컵에서 준우승과 우승을 포함하여 세계에서 가장 많은 7회를 했다. 브라질 축구가 강한 이유는 사람(인적 원형), 관념적 틀, 물리적 틀로 구성된 체계가 강하기 때문이다. 사람(인적 원형)의 측면에서는 브라질의 축구 체계는 뛰어난 선수와 함께 절대적 관심을 보여 주는 국민이 있다. 관념적 틀에서는 삼바 축구의 철학이 있고, 프로팀들은 선발된 우수선수가 치열한 경기를 펼치도록 경기가 운영된다. 물리적 틀에서는 등록된 프로팀이 800개로 많으며 국제 수준의 경기장이 있고, 국민들이 축구할 수 있는 생활 스포츠 시설이 마련되어 있다.

브라질 축구에는 '삼바' 축구의 철학이 있다. 삼바는 혼혈·흑인을 통해

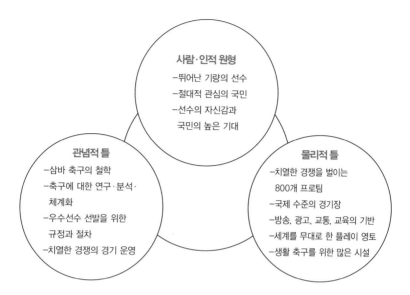

발달된 2/4박자에 맞춰 현란하게 다리와 엉덩이를 움직이면서 빠르게 추는 춤이다. 브라질 축구선수의 개인기는 삼바와 같다. 치밀성이 있다. 멀리서 빠르게 날아오는 축구공을 받는 선수의 발에 한 치의 오차도 없이 자석처럼 달라붙는다. 브라질의 삼바 축구는 다른 나라와 확연히 다른 경기를 이끌어 간다. 선수들은 개인기가 뛰어난데 자기 진영의 위험 지역에서도 상대방의 머리 위나 다리 사이로 공을 장난치듯 빼면서 자유자재로 다룬다. 관중들도 뛰어난 개인기를 보면서 즐거워한다. 공을 발바닥으로 다루는 것도 특징이다. 이에 따라서 한 선수가 공을 갖고 있는 시간이 유럽이나 한국의 선수들보다 세 배 정도 길다. 브라질에 축구연수를 온 한국 선수들은 기본 훈련은 시키지 않고 바로 실전에 투입하는 훈련 방식에 놀란다. 브라질 선수들은 어릴 때부터 공을 다루는 개인 기술이 몸에 이미 배어 있어서 별도의 기본 훈련보다는 실전에 집중한다. 세계 어느 나라도 브라질의 삼바 축구처럼 축구에 철학을 담지는 않았다. 아르헨티나의 축구를 '탱고 축구'라고 하지 않는다. 프랑스의 '아트 축구'도 멋진 플레이는 떠오르지만 구체적인 이미지가 떠오르지는 않는다. 독일의 '전차군단'은 팀에 붙은 별명이다. 한국 축구가 1984년에 청소년대회에서 4강까지 갈 수 있었던 것은 짧은 패스와 빠른 돌파의 철학 때문이다.

브라질은 축구를 연구한다. 코린치안스 FC, 상파울루 FC, 파우메라스 FC, 그레미오 FC, 플라멩고 FC 등 브라질의 명문 축구구단은 축구 클럽을 따로 운영하고 있다. 그밖에 축구학교도 다수 운영한다. 축구 클럽은 프로 축구선수로 성장할 수 있도록 지도한다. 축구학교에서는 지도자가 일반인을 가르친다. 2003년 상파울루 주 준지아이 시에 설립된 축구대학(Universidade do Futebol)은 '축구 교육법', '축구 마케팅', '축구 분석' 등을 주제로 한 온라인 강좌를 제공하며 축구를 경제적·문화적·사회적으로 연구한다. 산하에는 '축구 연구 및 통계 혁신 센터(CIPEFut : Centro de Inovação Pesquisa e Estatística no Futebol)'도 설치되어 있다. 또한 축구 박물관, 펠레 박물관을 통해서 과거를 기록한다.

Flamengo　　Corinthians　　Palmeiras　　Sao Paulo　　Gremio

브라질 5대 명문 축구 구단

브라질 축구는 승리의 역사를 써 왔다. 브라질에 축구가 들어온 1894년 이래 월드컵에서 5회, 남미 대회에서 8회 우승했다. 상대팀은 빛나는 전통의 브라질 팀의 앞에 서면 위축되어 브라질의 승리를 돕는다. 브라질은 우승하는 축구를 한다.

기라성 같은 세계적인 대스타들이 즐비하다. 전설적인 펠레, 호나우두, 베베토, 호나우징유, 호마리우 등이 축구장을 내려다보고 있다. 축구 스타들은 가난한 가정에서 태어난 혼혈·흑인이 많다. 수백만 명의 어린이가 이들의 성공을 선망한다. 국제무대에서 뛰던 선수들은 마지막은 고국에서 뛰면서 해외에서 배운 전술을 전파한다.

축구에서는 백인이나 흑인의 양극화가 없다. 선수는 신분이나 인종이 아닌 실력으로 경쟁을 뚫어야 한다. 브라질에는 800개의 프로 축구팀이 있다. 전국 리그는 세리에 A(1부)부터 D(4부)까지 있다. 세리에 A~C는 각각 20개 팀이 있고, 세리에 D는 40개 팀이 있다. 주별 리그는 주마다 1~4부가 있다. 전국 리그는 매년 4월에 시작해 12월에 끝나며, 주별 리그는 1월에 시작해 4월에 끝난다.

선수들은 조기 교육으로 기초가 튼튼하고 기초 체력도 좋다. 브라질 사람은 어릴 때부터 둥근 것은 다 찬다. 축구는 대도시나 가난한 동네나 공만 있으면 어디에서든 할 수 있다. 잔디보다 어려운 해변 축구로 기초를 다진다. 5명이 한 팀으로 하는 풋살의 공 무게는 축구공의 두 배이다. 어릴 때부터 어려운 조건에서 단련된 선수들은 성인이 되면 축구장에서 삼바처럼 축구를 한다.

인류학자 Gilberto Freyre는 흑인, 백인, 원주민의 혼혈 인종의 유전적 특성으로 축구 재능도 차별화되었다고 주장한다. 또 어떤 사회학자들은 다

풋살 경기의 모습

양한 이민자들을 포용한 국가인 브라질은 외국에서 시작한 스포츠인 축
구도 자신들의 고유 스포츠 문화로 만들었다고 한다.

　브라질의 육류 소비량은 세계에서 9번째이다. 어릴 때부터의 육식은 선
수들에게 동물과 같은 근력, 지구력, 유연성, 민첩성을 가져다준다.

　축구는 국민의 관심사이다. 축구는 여러 나라가 한 나라에 있는 것 같
은 브라질을 묶는 중요한 수단이다. 전임 룰라 대통령은 정상회담을 하면
서도 코린치안스팀의 경기 결과를 챙긴 것으로 유명하다. 1930년대에 제툴
리우 바르가스 대통령은 민족주의 이념과 사회 통합을 위해 축구를 활용
했다. 축구협회와 지역별 연합회를 만들고 축구를 대중화했다. 이미 1950
년에 20만 명을 수용하는 경기장도 건설했다. 1958년 브라질은 월드컵에
서 최초로 우승했다. 1970년 대회에서는 "Brasil, ame-o ou deixe-o"(브라
질을 사랑해라! 아니면 떠나라!)의 캠페인을 벌이기도 했다.

　브라질 축구의 '플레이 영토'는 전 세계이다. 펠레가 최초로 해외 프로

축구팀으로 나간 이후에 후배 선수들이 같은 길을 따랐다. 현재 해외 프로팀에서 뛰는 선수는 포르투갈, 이탈리아, 일본 등 전 세계 16개국에서 1,202명이다. 한국에도 30명이 있다. 또한 58개국에서 106명의 브라질 사람이 감독을 역임했다.

　세계 1등 축구를 보면 브라질과 한국이 어떤 길로 가야 할지가 보인다. 우리는 다른 나라들이 브라질을 어떻게 평가하든지 우리 주관으로 브라질을 해석해서 교훈을 얻어야 한다. 브라질은 삼바 축구의 철학이 있다. 정체성이 확실하다. 브라질은 이기는 축구가 아니라 우승하는 축구를 한다. 브라질의 축구 영토는 세계이다. 세계 각국이 브라질의 선수와 감독을 원한다. 우리는 한국형 철학을 창조하고, 물리적 영토는 작지만 다른 나라에 우리식 체계를 이식하여 한국의 경제영토를 확장해야 한다. 무한경쟁에서 탈피하기 위해서는 국제 필수재를 만들어야 한다.

02

현대 실학파 육성과
한국형 철학이 필요하다

근·현대 한국 체계의 형성

지금 전 세계적으로 유교권, 기독교권, 이슬람권의 3개의 권역이 경쟁한다. 한국은 근대에 서양 체계를 받아들이면서 기독교권의 영향을 많이 받게 되었다. 유교 사상이 우리의 발전을 막았다는 인식 때문에 우리의 근대화는 서양 체계의 학습 과정이었다.

우리는 중국과 국경을 맞대고 역사를 공유하면서 유교권의 영향에 있었다. 신라가 당나라와 연합해서 통일하면서부터 중국 체계가 한반도에 오래 자리 잡았다. 중국으로부터 사상 체계도 받았는데 중국의 사자성어 등이 한국인의 의식에 영향을 주었다. 사자성어에는 중국의 다양한 사건과 함께 특유의 과장과 상상을 추가한 효과가 곁들여졌다. 지금도 많은 사람이 중국의 사자성어를 인용할 정도로 우리의 사고에는 중국의 영향력이 크다.

이슬람권은 중동에 파견된 건설 근로자 이외에는 우리에게 영향을 준 적이 없다. 우리는 아랍과 국경을 접하지 않으며 한반도까지 올 만한 아랍의 해양 세력은 없었기 때문에 그들과 전쟁한 적이 없다. 그러나 한국이 서구 영향권에 있고 기독교 권역과 이슬람 권역이 다투는 상황에서 우리는 서구 편에 서기를 요구받았다. 서구의 시각에서 제작된 이슬람 국가에 대한 뉴스를 접하면서 우리의 이슬람 국가에 대한 시각은 긍정적이지 않게 되었다.

기독교와 이슬람은 지중해 지배권 확보를 위해 치열하게 오랫동안 싸워 온 역사이다. 너무 오래 싸워서 서로 감정적으로 싫어한다. 우리는 둘이 싸우는지도 몰랐을 정도로 관계가 없다. 두 권역의 지도자들은 평화 공존을 이야기하지만 서로를 믿지 않는다. 아랍 지역에서는 과거부터 강력한 제국이 많아서 유럽의 국가들은 이들 강력한 제국을 피해서 뱃길로 인도에 갔다. 지금 아랍은 서구와 미국이 힘이 강한 시대여서 새로운 아랍의 시대가 열리기를 기다리면서 숨죽이고 있다. 이들 두 권역이 주변국에게 자신의 체계를 요구하는 한 국제 분쟁은 계속될 것이다.

우리는 일제에서 해방되고 짧은 기간에 농업 국가에서 제조업 국가로 발전하면서 서구식 체계를 받아들였다. 근대화 과정에서 들어온 기독교는 관혼상제 등에서 유교와 충돌하기도 했다. 서구식 산업화와 자본 축적의 과정에서 계층 간의 갈등도 생겼다. 우리의 자본 축적은 이민족이나 노예가 아닌 순수하게 우리의 노동력에 의존했기 때문이다. 경제 개발 초기에 노동 집약적 산업이 주력인 상황에서 자본 축적은 노동자가 생산에 기여한 것보다 덜 가져가게 하는 것이 방법이었다. 파업, 소비, 복지는 억제되었다. 당시에 주로 노동을 제공했던 사람은 교육을 덜 받은 사람이나 물리적인 힘이 약한 여성 등 사회적 약자 계층이었다. 한국인은 생김새나 언어가 같은 민족으로서 양반제 폐지 이후 평등주의적인 욕구가 강하다. 반면에 서구는 상업혁명과 산업혁명의 과정에서 처음에는 자국민의 싼 노동력을 사용하여 자본을 축적했지만, 해외 시장으로의 팽창 단계에서는 식민지를 개척하고 노동력은 아프리카 또는 원주민 노예, 저임금 중국인 노동자 등 다른 민족을 이용했다. 착취하는 서구 백인 간에는 공범의식이 있다.

산업화의 과정에서는 미국과 일본이 있었다. 미국인들은 세계 최강대국의 국민으로서 자신감이 있다. 미국인은 체격이 크고, 쾌활하고, 모르는 사람에게 쉽게 말을 걸고, 친절하고, 다른 사람의 부탁을 흔쾌히 받아주는 이미지이다. 해외에 있는 호텔의 로비에서 여러 나라 사람이 모여 있으면 누가 미국인지 금방 알 수 있다. 반바지 차림으로 뚱뚱한 체격에 큰 소리로 웃으며 떠드는 사람이 바로 미국인이다.

우리는 일본이 패망하자 해방과 함께 미군정이 들어서면서 미국식 체계를 받아들였다. 이후 미국식 체계가 지배적인 틀이 되었다. 정치적으로 미국식 민주주의를 이상으로 생각하고 각종 제도를 받아들였다. 경제적으로도 미국과 일본에서 배웠다. 전기·전자, 자동차, 조선 등 여러 산업에서 미국에서 신기술을 공부하고 일본에서 산업 기술을 습득했다. 또한 미국은 우리 상품의 중요한 수입국이었다.

미국의 영향력으로 사회는 많이 변화했다. 1970년대 한국 TV에서 방영되었던 미국 드라마 「월튼네 사람들」은 종교적으로 신실하고 삶에는 진취적이고 검소하며 가정적인 미국인의 모습을 우리에게 보여 주었다. 종교와 삶이 분리되지 않은 모습이 우리에게도 전파되었다. 한국의 언어는 '한글과 한자의 병기'에서 '한글과 영어의 병기'의 시대로 바뀌었다. 강압에 의한 창씨개명이 아니라 스스로 영어식 이름을 만들어 쓴다. 부모는 미국에서 유학하고 자녀는 미국에서 일하기를 원하며 한국을 포기하고 미국 국적을 갖는다. 저명한 교수들의 역할은 미국과 유럽의 지식을 진달하는 깃이다. 기업도 국내외 미군에 대한 군납을 통해서 성장 기반을 마련했다. 유명 연예인의 첫 데뷔 무대도 한국에 주둔한 미군부대였다.

해외 이민도 이상적인 미국 체계에서 살기 위한 것이었다. 한국전쟁이 끝나고 한국인들은 가난을 피하거나 자녀들이 군대에 징집되는 것을 회피해서 해외로 이민을 갔다. 한 재미교포는 1960년대 중반에 파라과이로 농업 이민을 갔다. 그곳에서 3년을 살면 미국에 입국하기가 용이하다는 이야기를 듣고 중미의 한 나라로 가서 살다가 결국은 미국에 들어가서 지금은 미국 시민권자가 되었다.

국제 사회를 보는 시각도 미국과 같아졌다. 미국은 강대국 지위를 유지하는 과정에서 적대국이 생긴다. 미국은 부상하는 중국과 강대국 러시아를 경계한다. 석유 패권의 유지를 위해 중동을 통제한다. 자신의 앞마당인 중남미의 공산화를 우려하여 개입했다. 지금 미국인들이 편하게 여행할 수 있는 지역은 한국인보다 적다. 미국에 대항하는 국가는 부정적으로 보도된다. 우리의 인식도 그렇게 영향을 받았다.

그러나 국제적으로 우리 체계에 큰 영향을 주었던 미국에 대한 인식이 변하고 있다. 미국은 제조업에서 경쟁력을 잃고 기축통화와 군사력으로 버티고 있다고 비난받는다. 군사 우위를 지키기 위해서 무기 개발에 많이 투자하는데 이러한 투자는 과거와 달리 일반 제조업의 경쟁력 향상에 도움이 못 된다. 군수 산업은 또한 국가와의 독점 계약으로서 시장에서 보호받기 때문에 미국 정부에 더 큰 비용을 요구한다. 무기의 가격이 계속 올라가는 배경이다.

미국 월가의 서브프라임 모기지 부실로 시작된 전 세계 금융위기는 미국을 달리 보게 만들었다. 신자유주의의 주창으로 OECD 국가를 중심으로 규제가 낮아져서 자금 흐름의 장애가 없어졌고, 컴퓨터 네트워크를 통해 엄청난 자금이 국가 간에 순식간에 이동하고, 아프카니스탄이나 이라크 전쟁을 치르기 위해 인쇄한 달러가 전 세계 실물 자산 및 상품에 대한 투자로 몰렸다.

1980년대 이후 재정적자가 누적되었음에도 지출이 생산을 계속 상회하여 지금은 갚을 수가 없는 정도가 되었다. 미국이 국제 경제 질서 체계를 좌우하기 때문에 현실성은 없지만 미국이 빚을 해소하는 데는 3가지 방법이 있다. 첫째는 채권국인 중국, 일본 등으로부터 채무를 탕감받는다. 미국이 중남미에 채무를 탕감해 준 전례도 있고, 일본의 경제 부흥에도 미국이 기여한 바가 있다. 둘째는 러시아가 알래스카를 미국에 판 것처럼 미국 정부의 현물자산을 파는 것이다. 셋째는 엄청난 인플레이션을 감수하고 달러를 찍어내서 그 돈을 채무변제에 쓰는 것이다. 그렇게 되면 달러는 기축통화 생명이 다할 것이다. 미국은 일하는 것보다 소비가 많은 경제가 되면서 다른 나라로부터 존경심을 잃고 있다.

일본은 아시아에서 유일하게 산업혁명을 이룩했다. 섬나라 영국이 유럽 대륙의 전쟁터에서 떨어져 있었기 때문에 힘을 키울 수 있었던 것처럼 일본도 아시아에서 위협적인 나라가 없었기 때문에 방해받지 않고 힘을 키울 수 있었다.

서구는 1930년까지만 해도 일본을 왜소하고 무표정한 '작은 황색인'으로 무시했다. 그러나 1941년에 일본의 진주만 공격을 계기로 일본인을 재인식했다. 제2차 세계대전 때 싱가포르는 영국의 점령지였다가 일본에게 넘겨졌는데 당시 영국을 위해 싸우던 호주 군인들이 일본군의 포로로 잡혔다. 작은 체격의 일본 군인들이 거구의 호주 포로들에게 길거리 청소를 시키기도 했다.

서구는 일본인을 친절하고 신뢰할 수 있는 사람으로 생각한다. 중국의 부상으로 G7(미국, 일본, 영국, 프랑스, 독일, 이탈리아, 캐나다)의 위상은 전과 다르지만 일본은 G7에서 유일한 동양국가이다.

우리는 일본보다 근대화가 늦어서 일본의 지배를 받았고, 해방 이후에는 일본의 경제·사회 제도를 배웠다. 따라서 지금 한국에서 일어나는 경제와 사회 현상은 일본과 시차를 두고 일어난다. 또한 경제 개발 과정에서도 우리는 일본을 이기겠다는 극일의 자세로 달려왔다. 일본은 이래저래 우리에게 영향을 주는 나라이다.

또한 우리는 산업화 과정에서 일본식 체계를 배웠다. 한국의 전자회사는 일본에서 기술과 생산의 체계를 배웠다. 당시 일본은 한국이 따라올 수 없다고 생각해서 최신식 생산 라인과 같은 종류를 한국에 팔기도 했다. 일본은 매뉴얼까지 한국어로 번역해서 팔았다. 두 나라는 거리도 가까워서 한국 장비가 고장이 나면 오전에 와서 고치고 저녁에 돌아가기도 했다. 과거 한국 차는 일본 회사와의 기술 제휴로 생산했기 때문에 해외에서 한국 차가 고장이 나면 일본 자동차의 AS 센터로 가서 고치기도 했다. 한국에서 LED 조명을 만드는 한 중소기업의 사장은 품질 좋은 제품을 개발했는데, 한국의 공업고등학교를 졸업한 후 일본의 한 전기회사에서 근무하면서 원천 기술을 연구했다.

한국형 철학

중동에서 큰 소리 한 번 제대로 치지 못한 이스라엘은 기독교와 이슬람의 근본이 되는 유일신 사상의 유대교를 만들어 냈다. 유대교는 우상을 없애고 보이지 않는 하나님을 믿고 소통하는 종교이다. 유대인들은 신을 연구하면서 논리적인 신앙 체계를 만들었다. 유대교의 경전인 구약은 역사이자 철학이다. 지금도 이스라엘의 종교인들은 고대에 쓰인 성경을 오늘날의 환경에 맞게 계속 논리적인 방법으로 해석한다.

또한 『탈무드』는 유대인의 엄청난 관찰, 연구, 논리의 기록이다. 방대한 『탈무드』를 쓴 선조들의 자료 작성 역량과 연구 능력도 후손들에게 전달되었다. 후손들이 『탈무드』를 독해하는 과정에서 사고 능력은 높아지고 시대 변화에 따른 새로운 해석과 아이디어도 생성되었다. 창조는 축적된 경험이 모여 만들어진다. 어릴 때부터 꾸준히 해 온 이와 같은 논리와 상상력 훈련은 머릿속에서 생각을 개념화, 이론화, 체계화하는 데 도움이 된다. 그래서 유대인들은 보이지 않는 상품인 소프트웨어를 잘 개발한다. 구글, 페이스북 등의 창업자는 유대인이다.

미래의 산업은 상상력을 통해서 창의력을 발휘하는 소프트 파워(Soft Power)가 중요하다. 문명이 발달한 오늘날의 일반 사람은 과거의 위대한 철학자나 과학자 등의 사상가보다도 지식을 더 많이 안다. 갈레레오 이전의 과학자들이 몰랐던 '지구가 돈다.'는 것을 현대인은 모두 안다. 그렇지만 우리가 과거의 사상가를 배우려는 것은 당시에 새로운 것을 생각해 내는 그들의 창의적 사고방식이다.

우리도 창조와 혁신을 계속 이끌어 갈 현대 실학파를 육성해야 한다.

동양이나 서양에서는 사상과 기술의 개발은 여유 있는 계층이 시작했다. 17~18세기의 조선 왕조에서 소수의 양반가문이 정권을 독점하면서 몰락한 양반들은 지방에 귀양을 갔는데 그곳에서는 시간 여유가 많았다. 이들은 조선의 현실을 개혁하기 위해 정치·경제뿐만 아니라 경학, 역사학, 지리학, 자연과학, 농학 등 다양한 분야를 연구했는데 이것이 실학이다. 서양의 위대한 사상가도 경제적·시간적 여유가 있는 계층인 귀족, 부자, 지배 계급, 부유한 교회의 성직자 출신이다.

창의성은 기존 체계의 혁신인데 이것은 상상력에서 나온다. 이들은 여유로운 환경에서 이상적인 내용을 생각하면서 새로운 것을 만들었다. 일상에 매몰된 조직원으로부터는 새로운 사상이나 기술의 개발을 기대할 수 없다. 그들은 주어진 체계에서 사무와 생산을 하기 때문에 일의 효율을 높이는 아이디어는 제시할 수 있어도 체계를 바꾸는 일은 할 수 없다.

현대 실학파는 사상과 과학의 양면에서 체계를 바꾸는 창의적이고 혁신을 연구하는 집단이다. 기존의 사상이나 기술을 'Out of Box' 방식으로 혁신한다. 각 부문에서 창의적인 일을 전담하는 '현대 실학파'로 지정된다. 정치연구소는 통일을 대비하고 통일 후의 한국 정치의 체계를 설계한다. 철학연구소는 서구 철학의 전달자가 아닌 한국형 철학을 만든다. 경제연구소에서는 신경제영토를 가동시킬 한국형 미래 경제 모델을 만든다. 문화연구소는 국내외 한민족을 통합하여 공통체로 인식케 하는 문화적 전략과 수단을 연구한다. 외교·군사연구소는 순응적 체계에서 벗어나 우리의 아젠다를 만들고 관철시키는 전략을 모색한다. 기업들은 미국, 유럽, 일본 등의 제품이나 기술을 연구하는 것에서 벗어나 인류에 공헌하는 제품과 서비스를 개발한다. 현대 실학파는 사상과 과학 체계의 위대한 건축가이다.

창조와 혁신의 근본 바탕은 한국형 철학이다. 시대정신을 주창한 많은 한국의 선각자와 선조의 철학과 역사를 체계적으로 이론화하고 정리하여 발전시키고. 옛것을 되살려 새롭게 해석해야 한다. 그동안 우리는 사상의 창조 과정인 '인식 → 개념화 → 창조 → 확산'에서 다른 문화권에서 만들어진 체계를 도입하여 사용하는 '확산'의 단계에 집중했다. '인식 → 개념화 → 창조'의 단계를 지지해 줄 수 있는 우리의 체계를 만들어 자원을 투입해야 한다. 18세기 네덜란드에 많은 외국인이 와서 살면서 사상 발전에 기여한 것처럼 우리도 중국·러시아·일본 등과 교류하고, 우리나라에서 활동할 수 있도록 우호적인 환경을 만들어야 한다.

우리의 주관이 들어가는 것이 중요한데 선진국이 주장하는 모든 것이 우리에게 최선은 아니다. 예를 들면 현대의 국제 경제 체계의 근간인 시장 절대주의, 자유무역, 규제 완화, 작은 정부, 감세, 민영화, 노동의 유연화 등의 신자유주의는 우리에게 맞지 않을 수 있다. 통일을 해결하지 못한 우리에게는 아직 국가의 역할이 필요하다. 현대 실학파를 육성해서 한국형 철학을 만들자.

한국형 민족 국가주의

통일한국을 대비하고 우리의 미래를 위한 국가 철학 체계는 '한국형 민족 국가주의'이다. '민족 국가주의'란 사상, 관습, 역사, 언어를 공유하는 한 민족으로 구성된 국가의 존엄성을 믿는 것이다. 과거의 민족주의가 한 국가 안에서 특정 인종 집단에게 특권을 준 것이었다면 여기에서 말하는 민족은 인종의 구별 없이 한국어를 사용하며 전 세계에 사는 공동체를 의미한다. 국가는 이웃나라에 대항하기 위해 일정 이상의 규모를 갖추어야 하는데 이는 한반도 통일의 강력한 동기이기도 하다. 국내 자원을 전시에 동원하는 능력도 필요하고, 이를 집행할 강력한 행정 체세도 필요하다. 국가주의를 통해 자원, 정책, 판단력, 의지를 묶어서 강력한 힘을 발휘해야 한다.

국가 간의 경쟁이 치열해지는데 우리의 단합된 힘을 도출하고 국가를 묶는 민족주의는 유효하다. 독일은 통일로 민족주의 국가를 세우면서 급속히 발전했다. 독일은 19세기까지 크고 작은 연방 국가의 연합체로서 통일국가가 아니었다. 1861년에 프로이센의 빌헬름 1세는 비스마르크를 수상으로 등용하고, 몰트케를 참모총장으로 임명한 후 독일의 통일에 착수하였다. 오스트리아와 프랑스와의 전쟁에서 승리하면서 1871년에 같은 언어와 습관으로 구성된 순수한 민족국가인 독일 제국이 탄생했다.

일본은 천황이 국가의 강한 구심점이다. 제2차 세계대전에서 패배한 후 빨리 회복한 것도 천황 중심의 민족주의적 통합의 힘이다. 명예와 용기를 존중하는 무사 정신, 기강과 불굴의 정신을 존중하는 태도도 애국심으로 이어졌다.

유대인들은 AD 73년에 로마에 점령을 당한 후 2,000년간 전 세계 각지를 떠돌아 다녔다. 그럼에도 불구하고 1948년에 다시 나라를 세울 수 있었던 것은 유대교의 민족주의적 정체성 때문이다.

프랑스는 자기 나라를 확실하게 지킬 수 있는 수단을 가지면서 민족의식이 한껏 고양되기도 했다. 1960년에 드골 대통령은 프랑스가 핵 실험 후 "프랑스 만세! 오늘 마침 프랑스는 더욱 강하고 당당해졌다."고 말했다.

서구는 민족주의에 대한 부정적인 인식을 갖고 있다. 과거 상대에게 자기 민족의 우월성을 인정토록 요구하면서 민족 간의 대립으로 많은 전쟁과 학살이 있었기 때문이다. 게르만 민족의 독일은 두 번이나 세계대전을 일으켰다. 그러나 선진국 등 모든 나라는 대외적으로 개방과 포용을 주창하지만 내심 민족주의적 국가주의가 살아 있다. 앞선 경제력으로 시장을 확대하기 위해 속내는 감추고 개방주의를 외칠 뿐이다.

미국이나 유럽은 민족의 차별이 없는 평등을 외치지만 위험하고 더러운 일은 제3국의 민족들이 담당하고 있다. 1500~1866년에 1,300만 명의 노예가 아프리카에서 아메리카 대륙에 끌려와 혹독한 노동으로 쓰러졌을 때도 유럽인들은 대외적으로 정직과 평등을 이야기했다. 지금 서구는 종교와 인종을 떠나서 인류의 공동 번영과 민족의 공존을 이야기하지만 인종별로 계층화되어 있는 것이 서구 사회이다.

또한 다른 종교, 언어, 관습을 가진 민족에 대한 반감이 있다. 유럽과 미국 기업 간의 M&A는 현지 언론에서 조용한데 아시아 기업이 서구 기업을 인수하면 큰 이슈가 된다. 유럽은 서로 싸워 왔지만 각국은 왕족 간 혼인으로 피를 섞었다. 이 동질성이 EU 통합의 기본이다. 미국에도 영국, 프랑스, 독일계의 많은 인구가 이주해 갔다. 미국, 유럽, 중남미는 과거부터 인력 교류가 활발한 하나의 기독교 기반의 민족주의적 문화권이다.

서구는 사상의 자유를 보장하지만 실제로는 미국, 유럽, 중남미는 기독교가 단일사상이자 국교나 마찬가지이다. 미국의 대통령은 성경에 손을 얹고 대통령 취임 선서를 한다. 상파울루 시의회의 의장석 뒷면에는 예수와 십자가가 벽에 있다. 서구는 자국에 이슬람 인구가 늘어나는 것에 대해 강한 거부감을 갖고 있다.

국민은 의식하지 못하지만 꾸준히 국가의 비전으로 인도하는 체계여야

상파울루 시의회의 의장석 뒤에 있는 예수와 십자가

한다. 기업도 단기적인 목표를 추구하면 성과를 내지 못하듯이 수많은 자원을 가동시키는 국가는 모든 주체가 자신의 역할을 쉽고 명확하게 수행할 수 있도록 하는 체계여야 한다. 미국에서 성공한 기업을 분석해 보니 일반 외부 사람들은 그 기업의 CEO가 누구인지도 몰랐다고 한다. 직원 출신의 CEO가 기업의 자원을 효과적으로 배분했고, 요란하지 않은 꾸준한 중장기 사업을 수행한 것이 성공의 요인이었다.

'한국형 민족 국가주의'는 국민들 간에는 정직이 바탕이지만 다른 나라와는 철저히 이해 관계에 바탕을 두어야 한다. 지금의 선진국들은 공식적으로는 과거 제국주의 시대에 저지른 다른 민족에 대한 착취, 노예 제도, 전쟁 등을 반성한다. 그러나 그들은 내심 과거에 수많은 식민지를 거느렸던 역사를 자랑스럽게 생각하고 국민들도 외국인에게 표현하지는 않지만 제국에 대한 자부심이 있다. 국가나 개인이나 이긴 것을 좋아한다. 런던의 영국박물관은 제국주의 시대의 빛나는 역사를 전시한다.

국가의 공익이 개인보다 먼저이다. 미국인들은 개인적으로 만나 대화를 나누면 정직하다고 느껴진다. 미국인 학교에서도 정직을 가장 중요하게 가르친다. 대형 정치 사건들도 어느 시점 이후부터는 연루된 지도자가 거짓말을 한 것이 더 큰 문제가 된다. 그러나 국가인 미국이 다른 나라를 상대할 때는 미국의 군대와 정보기관에 소속된 조직원들은 정직하지 않은 작전도 수행한다.

우리는 국민이 기량, 활력, 기강, 자발성, 신념으로 구성된 민족 국가주의를 만들어야 한다. 강대국이 되기 위한 절대적이고 이상적인 국민성은 없다. 낙천적인 미국인은 왁자지껄하게 큰 소리로 떠들고 다닌다. 호주인은 스스로를 '게으른 호주인'이라고 부른다. 유대인들은 화도 쉽게 내고, 급하며, 감정적으로 판단한다. 중국인은 만만디로 여유가 있다. 러시아는 '비능률이 있어야 러시아답다.'고 하는 업무 태도가 비난을 받는다. 우리는 신속한 일처리의 장점이 있다.

03

승리의 역사를 써 가라

우리가 강하지 않으면 주변 세력들에게 또다시 휘말린다. 이준 열사는 한반도가 일본의 한반도 침략의 부당함을 알리기 위해 1907년에 고종의 밀령을 받고 네덜란드 헤이그의 만국평화회의에 참석하러 갔으나 일본의 방해로 참석하지 못하고 현지에서 병사했다. 만약 이 열사가 회의에 참석해서 우리의 억울함을 서구에 알렸다고 하더라도 식민제국들은 형식적으로는 동정했을지라도 실제로는 결의문조차 채택하지 않았을 것이다. 당시 식민제국들은 식민지를 갖고 있는 공범이었다. 일본은 유라시아 대륙의 동쪽 섬나라로서 대륙의 서쪽 섬나라인 영국과 동맹을 맺어 식민지 영토를 상호 인정했다. 카츠라·테프트 동맹을 통해서 일본은 조선을, 미국은 필리핀 지배를 인정했다.

최고 강대국들과 섞여서 경쟁해야 한다. 우리는 중국, 러시아, 일본과 경쟁하면서 같이 헤비급으로 커진다. 강대국들에 대해 담대하게 협력하면서 대응하자. 중국이 5,000년 동안 한반도를 좌지우지할 수 있었던 것은 중국의 군대와 물자가 우리보다 압도적으로 컸고 우리는 억제력이 없었기 때문이다. 현대는 대국이 옛날처럼 작은 나라를 쉽사리 지배할 수 없다. 중국의 인구가 많다고 두려워할 일은 아니다. 인구의 상당 부문은 기능 인력인데 기술이 발전하면서 앞으로는 기계로 대신 처리할 수 있는 일이 많다. 중국의 고급두뇌의 숫자가 중요하다. 우리는 중국에 투자를 계속하고 있는데 우리 체계가 중국에 자리 잡아 한국의 부품 소재를 공급하는 수평적 역할을 분담해야 한다.

강하게 보이는 구소련도 피해의식이 강한 강대국이었다. 1914~1918년의 제1차 세계대전으로 어느 강대국보다 큰 타격을 받았다. 제2차 세계대전 때는 서쪽에서는 독일의 히틀러를 경계해야 했고, 동쪽에서는 일본이 만주를 침략한 이후에 소련과의 충돌 가능성이 높았다. 발전소, 제철소 등의 중요한 공장은 서유럽과 일본의 공격을 피할 수 있는 우랄 산맥 동쪽에 설치되었다. 지금도 러시아 지도층은 국경을 둘러싼 민족 문제로 불안해한다. 발트 해 지역, 그루지야 공화국의 1978년 항쟁, 중소 국경 지대에 사는 카자흐인, 위구르인, 터키, 이란, 아프카니스탄 등 국경선 북쪽에 사는 이슬람교도들은 줄어드는 슬라브족 인구와 대비된다. 사회주의 계획경제를 추구하는 과정에서 부농이 해체되면서 농업 생산이 급격히 떨어졌고 1933년의 기근으로 수백만 명이 사망했다. 스탈린은 죽을 때까지 농민들의 사유지 선호 경향을 적대시하여 구소련의 농업은 저생산성이 계속되었다. 국민들의 사기는 땅에 떨어졌고, 공산주의를 겪으면서 더욱 수동적이 되었다.

우리는 한국전쟁 이후에 중국, 러시아, 일본, 북한으로부터 계속 받은 경각심을 경제 성장의 원동력으로 승화시켰다. 중국, 러시아, 일본은 한 번씩은 세계를 호령했던 나라이다. 우리라고 못할 이유가 없다. 이들 나라에 대한 피해의식에서 벗어나 오히려 이들과 경쟁하고 대립하면서 발전할 수 있다. 침략만 당하는 민족은 스스로를 존중하는 사회를 만들지 못한다. 주변에 경쟁 상대로 삼을 만한 강한 나라가 없는 중남미와 달리 유럽은 각국이 경쟁해 왔기 때문에 지금의 번영을 이루었다. 유럽 각국은 경쟁국을 경계하면서 산업혁명, 식민지 개척 등 경쟁국이 잘하는 것을 재빨리 도입했다.

보수 대 진보의 극단보다는 질서·진보의 길로 가야 한다. 보수는 현재의 체계가 가치가 있다고 생각하고 그것을 지키려는 것이다. 현재의 체계도 필요에 의해서 만들어졌고 검증을 거쳐서 현재의 모습으로 최적화된 것이다. 많은 사람이 익숙해져 있다. 보수는 가진 것을 나누어 주는 입장이다. 보수는 변화 과정에서 가진 것을 잃을까 봐 진보를 거부한다. 반면에 진보는 현재의 체계에 문제가 있다고 인식하고 이를 바꾸려는 것이다. 경제적으로는 나누어 줄 것을 요구하는 계층이다. 그러나 모든 죄악은 극단에 있고 선은 중간에 있다.

기존의 국제 질서 체계를 변화에 능동적으로 도전해야 한다. 현실 고착화 경향의 국제 질서에서 능동자의 위상을 차지하기 위해서는 담대하게 나아가야 한다. 경제적인 성공에 이어서 국제 정치에서도 발언권을 높여야 한다. 우리보다 작은 나라인 이스라엘은 평상시에도 미국에게 할 말을 다 하지만 자국의 생존권이 달린 문제에 대해서는 화까지 내면서 말한다. 지금 우리에게 주어진 국제 체계는 우리의 발전을 저해하고 남북한에게 모두 불리하다. 미국만이 우리에게 도움이 되는 것은 아니다. 강대국들은 마지막 하나의 챔피언이 남을 때까지 경쟁하기 때문에 절대 친해질 수 없다.

북한의 핵무기를 막아야 할 나라는 국경을 맞대고 있는 중국과 러시아이지만 두 나라는 미국을 견제하기 위해서 방조한다.

우리도 인류에 기여하는 기술과 상품을 개발해야 한다. 이미 우리 산업은 새로운 창조의 체계를 요구받고 있다. 그동안 우리의 경제 성장은 자체 기술 개발보다는 미국, 일본 등 선진국에서 사 왔다. 선진국은 다른 앞선 산업이 있어서 우리가 요구하는 기술의 판매에 큰 거부감이 없었다. 그러나 우리 산업의 수준이 높아져서 이제는 기술을 사 올 곳도 없다.

남북 양극화를 해소해야 한다. 남한은 공급 과잉, 북한은 공급 부족이다. 한국 경제는 성공했지만 대외의존도가 높다. 남한의 수출 지향적인 자동차, 전기·전자 등의 산업은 내수보다 큰 생산 규모를 갖고 있다. 국제 경기의 침체로 수출이 줄면 핵심 산업이 어려움을 겪는다. 새로운 수출 시장을 찾지만 중국의 등장으로 경쟁은 치열해졌다. 공급 과잉은 내수 산업에도 퍼져 있다.

반면에 북한은 물자가 귀하다. 건설 현장에서 중장비는 트럭밖에 보이지 않고, 사람이 흙을 파고 나른다. 북한은 핵 개발에 집중했다. 선진국으로부터 기술을 얻을 수 없어서 많은 비용을 투입해서 자체 개발했다. 그러나 방산 분야는 국민들이 일상에 필요한 물건이 아니어서 국민 생활은 나아지지 않았다. 국제 사회의 제재로 북한은 다른 나라와의 경제 협력의 길도 막혀 있다. 또한 극단적 폐쇄주의 국가여서 1998년 글로벌 금융위기 때 가장 영향을 적게 받았다는 농담도 있을 정도이다. 북한은 경제적으로 중국에 대한 의존도가 높다.

남한은 외교·군사적으로 미국에 대한 의존도가 높다. 1949년에 미군이 철수하면서 태평양 전쟁에서 사용한 미군의 장비가 한국군에 이양되었다.

한국군은 미국 무기에 익숙해지기 시작했다. 한국군은 1953년의 한국전쟁 휴전 이후 군 장비의 현대화와 군사력 증강을 위해 미국의 군사 원조에 의존했다. 방위 산업이 본격 태동하기 시작한 것은 1970년대 초반부터였는데 우리는 시차를 두고 미국이 개발한 무기의 기술을 이전받아서 한국형으로 개발했다. 현대의 무기는 육·해·공으로 연계된 한 체계로 움직이기 때문에 미국식 운영 체계에 적합한 미국식 무기만을 들여올 수밖에 없었다. 미국이 한국에 무기 구매를 요구한 것도 있다. 한국의 방위 산업은 세계적인 경쟁력을 갖춘 자동차, 반도체, 조선 등과는 다른 양상이다.

더 이상의 비용 절감을 이유로 한 순응적 국제 질서 체계는 국민의 자존심에 타격을 주어서 국가에 대한 정체성과 애국심의 손상으로 이어질 수 있다. 지금 우리에게 주어진 체계는 낮은 천장이 되었다. 순응적 체계를 깨는 과정에서 비용이 발생하고 주변국의 반발도 예상되지만 그것은 비용을 넘어서는 우리의 생존 문제이다. 이제 우리가 주도하는 새로운 체계를 만들어 가야 한다. 없는 길로 나아가서 새 길을 만들자. 승리의 역사를 써나가야 한다.

04

한국의 경제영토 확장이
필요하다

　한반도 정권이 가장 큰 영토를 가졌던 때는 대외 정복 활동을 활발히 추진한 고구려의 광개토왕(391~413년) 시대이다. 이후 장수왕(413~491년)은 국내성(집안)에서 평양으로 수도를 옮기면서 한반도 북쪽과 남쪽에 걸쳐 가장 큰 영토를 건설했다. 이후 신라가 676년에 통일하면서 영토는 대동강과 원산을 잇는 선 이남의 땅으로 줄었고 그 위는 새로 건설된 발해의 영토가 되었다. 발해가 926년에 멸망하면서 우리의 활동 무대는 압록강과 두만강을 경계로 하는 현재의 국경선에서 머무르게 되었다.

　이후 한반도 정권은 공격적 성향을 보여 주지 못해서 한반도에서 전쟁은 우리가 공격을 받아서 대응하는 것이었다. 대개 중국에서 새로 부상한 세력이 한반도 정권에 사대를 요구했으나 수용하지 않자 중국을 평정한 후 한반도를 침략한 것이다. 우리는 1592~1598년에 일본으로부터 임진왜란의 침략을 받았음에도 이후 일본을 공격한 적은 없다. 결국 300여 년이 지난 다음에 임진왜란의 교훈도 없이 일본에게 점령을 당했다. 지금 우리의 분단된 모습은 과거의 결과이다.

영토가 작으면 걱정이나. 이스라엘은 대구·경북 면석 정도 되기 때문에 항상 이웃한 중동 나라로부터 공격을 받으면 순식간에 지중해로 몰려서 빠져 죽을까 염려한다. 브라질은 덩치 큰 것 하나로 강대국 대접을 받는다. 세계 8위의 영토 면적인 아르헨티나는 아쉬운 게 없다. 우리의 통일은 비용의 문제가 아니라 생존의 문제이다.

물리적 공간을 넓히는 남북통일에 시간이 걸린다면 우리는 경제영토를 넓히는 데 초점을 맞추어야 한다. 큰 나라에 사는 국민들도 일상생활은 작은 나라의 국민과 마찬가지로 집, 직장 등으로 한정되어 있다. 큰 나라의 국민들이 자기 나라가 크다고 느낄 때는 일을 하거나 여행을 하면서 넓은 나라를 다닐 때 동일한 사회, 문화, 언어의 체계 아래에서 편리하게 일을

한국의 신경제영토

처리할 때이다. 우리나라의 영토는 작아도 우리 국민들이 이동하여 일을 보거나 여행을 할 때 편리함을 느끼도록 다른 나라들과 협력 관계를 맺으면 우리나라의 경제영토는 대국인 것이다. 세계 경제를 주도하는 나라는 미국, EU, 중국인데 이들의 평균거리는 동서 5,066km, 남북 4,600km이다. 한반도에서 평균 거리만큼 원을 그렸을 때 그 안에 포함되는 나라는 북한, 중국, 러시아, 일본, 베트남, 몽골, 대만, 홍콩 8개국이다. 우리는 이 나라들과 함께 무역, 투자, 노동의 자유로운 이동이 보장되는 경제영토를 만들어야 한다.

특히 우리의 경제영토 중에서 한반도와 국경을 접하는 중국의 동북 3성(헤이룽장성, 지린성, 랴오닝성)과 연해주는 가장 중요하다. 이곳에는 우리 동포인 조선족이 많이 사는 곳이다. 우리 민족이 이곳을 개척하기 위해 이민을 간 곳이기 때문에 우리 체계가 이미 이식된 곳이다. 우리 국민이 다른 경제영토보다도 더 큰 편리함을 느낄 수 있다. 우리가 새로운 시장을 찾아 쿠바, 미얀마, 남미 등을 개척하는 것과 함께 가까운 곳이 중요하다.

해외 동포와 경제영토

해외 동포는 그들이 사는 나라와 모국을 연결해 주는 네트워크이다. 이 네트워크는 모국과의 교류를 활성화시켜서 경제영토를 넓힌다. 그들은 모국에서 살기가 어려워서 해외로 떠났지만 마음은 항상 고향을 향해 있기 때문이다. 한국의 경제가 커졌고 교포 기업도 성장했기 때문에 서로 합력할 수 있다. 우리에게 잊힌 이탈리아의 피아트(Fiat) 자동차는 브라질에서는

주요국의 본토 인구와 해외 동포 수

GDP 순위	국가	본토 인구*	해외 인구*
1	미국*	3억 1,889만 명	800만 명(유럽 161만 명, 멕시코 100만 명, 캐나다 100만 명 등)
2	중국	13억 5,569만 명	4,000만 명(태국 939만 명, 말레이시아 696만 명 등)
3	일본	1억 2,710만 명	250만 명(브라질 160만 명, 미국 140만 명 등)
4	독일	8,099만 명	1억 5,000만 명(미국 5,000만 명, 브라질 1,000만 명 등)
5	프랑스	6,625만 명	3,200만 명(미국 1,000만 명, 아르헨티나 600만 명 등)
6	영국	6,374만 명	1,300만 명(미국 7,000만 명, 캐나다 1,200만 명 등)
7	브라질	2억 260만 명	150만 명(미국 45만 명, 일본 21만 명 등)
8	이탈리아	6,168만 명	8,500만 명(브라질 2,000만 명, 미국 1,700만 명 등)
9	러시아	1억 4,247만 명	3,000만 명(미국 310만 명, 독일 121만 명 등)
10	인도	12억 3,634만 명	2,500만 명(네팔 400만 명, 미국 318만 명 등)
11	한국	5,125만 명	743만 명(동북아 337만 명, 북미 273만 명, 유럽 64만 명 등)

*본토 인구 자료원 : CIA The World Factbook(2014.07)
　해외 인구 자료원 : 미국은 The Association of Americans Resident Overseas. 기타 국가는 Wikipedia

시장점유율 1위이다. 세계적인 이탈리아 식품점인 'Eataly 슈퍼마켓'은 브라질 상파울루에서 2015년에 문을 연 첫날부터 긴 줄이 생겼다. 브라질에 사는 이탈리아계 2,500만 명의 힘이다.

강한 나라는 네트워크가 탄탄하다. 미국이 강대국의 지위를 유지할 수 있는 것은 전 세계에 퍼져 있는 '금융 네트워크'와 '군사 네트워크'의 힘이다. 작은 나라 네덜란드는 전 세계에 퍼진 네트워크의 힘으로 선진국이다.

인구가 1,600만 명의 작은 나라가 자기보다 수십 배 큰 인도네시아를 1600년대부터 1949년까지 360년간 지배했다. 네덜란드인 남자의 평균 키는 186cm가 넘는데 작은 인도네시아인 앞에서는 더욱 커 보인다.

우리는 해외 동포 네트워크를 활용해서 강대국이 되어야 한다. 강대국은 해외 동포가 많다. 독일 1억 5,000만 명, 이탈리아 8,500만 명, 중국 4,000만 명, 프랑스 3,200만 명, 러시아 3,000만 명, 인도 2,500만 명, 영국 1,300만 명, 미국 800만 명이다. 우리나라도 743만 명의 동포가 해외에 살고 있다. 독일과 이탈리아의 본토 인구가 1억 명도 안 된다고 미국, 러시아, 중국과 같은 초강대국이 아니라고 말할 수 없다. 인구수로 볼 때에도 독일은 본토 8,000만 명과 해외 동포 1억 5,000만 명을 합하면 2억 3,000만 명으로 러시아의 1억 7,000만 명보다 많다. 이탈리아도 본토 6,100만 명과 그보다 더 많은 해외 8,500만 명을 합한 1억 5,000만 명의 대국이다.

이탈리아와 독일은 각각 1870년, 1871년에 통일국가가 되었는데 다른 서양 강대국에 비해서 산업혁명이 늦게 시작되었고, 반면 인구증가율은 높아서 가난해진 농촌 사람들은 대서양을 건너 아메리카 대륙으로 갔다. 유럽의 4대 강국 중에서 이탈리아는 항상 뒤떨어진 나라이다. 산업화 초기였던 19세기에 가난과 사회적 혼란에 시달리던 이탈리아 농민들은 넓은 땅과 일자리가 있다는 아메리카로 눈을 돌렸다. 이 시기 브라질에서는 아프리카에서 미주로 이어지는 대서양 노예무역이 금지되면서 노동력이 부족해졌다. 브라질 농장주들은 백인이고 같은 가톨릭 문화권에 속한 이탈리아 이민자들을 환영했다. 1880~1900년에 100만 명에 가까운 이탈리아인들이 브라질에 도착했다. 이들은 남부 산타카타리나, 파라나 등지에 주로 정착했다.

독일계 이민도 많았다. 브라질은 노예제 폐지 후 농장 일손이 부족했고, 인구가 적은 국경 지역에 대한 지배력도 필요했다. 한편 독일은 산업화·도시화되면서 일자리가 부족했고, 시골에서는 토지를 잃게 된 농부가 많았다. 1824년부터 이민자가 브라질 남부에서 독일촌을 만들기 시작했다. 이민자들은 초기에 소규모 농장을 직접 시작했으나 상파울루 등의 커피 농장에 노동계약을 맺어서 오기도 했다.

브라질에 이민 온 일본인들은 브라질 농업을 혁신했다. 수경재배, 비닐재배법 등과 감, 사과, 딸기 등 농작물 50여 가지를 신규 도입했다. 일본인은 중부 마투그로소에서 대두 농사를 시작했는데 2014년 기준으로 일본이 해외에서 수입하는 대두의 20%를 브라질에서 들여와서 일본에도 기여한다. 브라질 사람들은 일본인들이 브라질 농업을 혁신했다고 주저 없이 평가한다. 이는 양국의 우호적인 교류의 기반이 되었다. 러시아에서 살던 유대계 과학자들도 소련 붕괴 후에 살기 어려워지자 이스라엘로 돌아와서 이스라엘의 과학 발전에 크게 기여했다.

한국인도 해외에 많이 산다. 외국에 거주하는 한인 동포는 2016년 현재 179개국에 743만 명이다. 유대인은 전 세계 134개국에 1,441만 명이 사는데 한국인은 이보다 더 많은 나라에 산다. 한인들이 사는 곳을 지역별로 보면 동북아시아가 337만 명, 북미 273만 명, 유럽 64만 명, 남아시아·태평양 55만 명, 중남미 10만 명, 중동 2만 명, 아프리카 1만 명이다. 나라별로는 중국 254만 명, 미국 249만 명, 일본 81만 명, 캐나다 24만 명, 우즈베키스탄 18만 명, 호주 18만 명, 러시아 16만 명, 베트남 12만 명, 카자흐스탄 11만 명, 필리핀 9만 명, 브라질 5만 명, 독일 4만 명 등이다.

우리 동포들은 대부분 개별적으로 해외 이민을 갔다. 그들이 떠날 당시

교포 청년을 위한 창업 스쿨

한국은 가난해서 그들에게 도움을 주지 못했다. 이민 1세대는 한국을 떠날 때의 당시 가치관을 그대로 갖고 있다. 그래서 1970년대에 브라질에 온 한국 이민자들은 자녀들이 한국인과 결혼해야 하고 아직도 혼전동거는 안 된다고 생각해서 자녀들과 마찰을 겪기도 한다.

해외 동포는 모국에 기여한다. 중국의 해외 동포인 화교는 동남아시아·미국·일본·영국·호주·러시아 등에 거주하는데, 특히 동남아시아에서는 화교들이 현지의 정치·경제에 큰 영향력을 갖고 있다. 화교들은 해외에서 축적한 힘으로 중국 동부에 투자를 해서 오늘날 중국의 경제적 성공에 초석이 되었다.

우리 동포는 과거에는 물리적인 거리 때문에 어려웠지만 지금은 인터넷으로 한국을 공유하면서 살고 있다. 과거보다 더 효율적으로 동포를 통해서 우리의 경제영토를 넓힐 수 있다. 2017년 9월에 상파울루 외곽 도시에 한국 교포가 운영하는 축구연수원에서 브라질에 사는 한인 교포 청년 20명이 모였다. 세계한인무역협회(OKTA)가 주최하는 창업 스쿨에 참석하여 한국과 관련된 품목으로 창업하기 위해서이다. 한국산을 수입해서 브라질에 판매하거나 한국에서 유행했던 IT 소프트웨어나 앱을 브라질 실정에 맞게 수정해서 브라질 시장에 다시 선보이는 창업 모델을 검토 중이다. 또한 해외 동포 네트워크는 브라질의 200여 K-Pop 동호회의 후원자이다. 2015년 8월 15일 브라질 상파울루 한국학교에서 광복 70주년 기념식과 부대행사가 열렸다. 부대행사에서 빅뱅의 노래가 빠르고 강한 박자로 흘러나왔고 브라질 청소년들이 다같이 따라 불렀다.

언어와 정체성

브라질계 일본인은 160만 명에 달하는데 그들은 언어 정체성을 잃었기 때문에 일본인이 아니다. 필자는 브라질에서 한 일본계 고등학생을 만났다. 그에게 "Are you Japanese?"라고 물었더니 즉시 "No, I am a Japanese Brazilian."이라고 대답했다. 일본말은 하지 못했다. 일본 정부가 브라질 이민 정책에서 아쉬워하는 것은 일본인 이민자들이 브라질에 쉽게 동화되어 버린 것이다. 1986년에 필자가 한 미군부대에서 만났던 한국계 미군인 '김치 GI'는 한국말은 할머니한테 배운 현대에는 쓰지 않는 '색경(거울)'이란 단어뿐이었다. 그는 외양만 한국인이지 미국인이었다.

같은 언어를 쓰면 한민족이다. 언어가 같으면 사고방식이 같아진다. 발음상 사용하는 안면 근육이 같아서 얼굴도 비슷해진다. 언어는 민족 동질성을 유지하는 요소이다. 외국인이 현지어를 하면 현지인들은 호의적으로 대해 주는데 서로 친밀도를 높여서 유대감을 형성한다.

우리도 점차 혈통적 의미의 민족은 의미가 없어지고 있다. 우리나라 275개의 성씨 중 절반에 가까운 136개는 외국인이 시조이다. 예를 들어 화산(花山) 이(李)씨는 베트남 리 왕조의 마지막 왕자인 이용상 왕자가 1226년에 고려에 귀화하면서 시작되었다. 이용상 왕자는 당시 베트남 왕조의 환란을 피해 황해도 화산에 정착했는데 고려 고종은 땅을 주고 화산군으로 봉하였다. 화산 이씨는 현재 대부분 북한에 거주하고, 한국에는 1,800여 명이 살고 있다. 화산 이씨 종친회는 한국과 베트남이 1992년에 재수교한 이후 양국 관계에 가교 역할을 했다.

특히 최근 들어서 우리 국민이 동남아 사람들과 국제결혼이 많아지면서 다문화 인구가 전체 인구의 2.8%인 144만 명을 차지한다.

한글은 정신문화의 상징이다. 한글이 만들어진 것이 1443년인데 수백 년이 지나서야 한글 사용을 장려하고 문법을 정립하고, 한글학회가 만들어진 것은 아쉽다. 한자의 시대를 지나서 상가 간판은 '한글과 한자'에서 '한글과 영어'의 병기로 변화했다. 한국 정신문화의 근간인 한글을 중시해야 할 때이다. 영어 등 외국어는 다른 세계를 보는 수단이지 우리말은 아니다. 유대인이 2,000년간 전 세계에 흩어져 떠돌아 다녔어도 정체성을 잊지 않았던 것은 히브리어의 구약성경을 매주 예배당인 시나고그에 모여서 읽으면서 잊지 않았기 때문이다.

해외 투자와 우리 체계의 전파

1989년 대우의 세계 경영이 한창이었던 때 대우자동차는 폴란드의 국영 자동차인 FSO를 인수했다. 인수한 후 초기에 한 폴란드 여직원은 큰 소리로 야단치는 한국식 노무 관리에 놀라 눈물지으며, 회사에서 있었던 일을 부모에게 말하자 아버지는 더 놀라며 무슨 그런 회사가 있느냐며 당장 그만두게 했다. 당시 폴란드의 노동자들은 공산주의의 느슨한 관리에 익숙했는데 아시아에서 온 대우맨들이 밤낮없이 일하며 공장을 정상화시키는 모습에 감탄도 했지만 빨라진 업무 속도를 따라잡느라 힘들어했다.

2017년 8월 CJ는 3,600억 원에 농축대두단백을 생산하는 브라질의 셀렉타 사를 인수했다. 다국적 기업이 브라질 곡물 시장을 장악하는 상황에서 CJ의 브라질 곡물 가공 기업을 인수한 것은 의미가 있다. 가격이 저렴한 대두박과 같은 식물성 사료의 시장 전망은 밝다. 새로 출범한 CJ셀렉타의 매출은 2016년 3억 6,000만 달러에서 2023년 7억 7,000만 달러로 늘어날 것으로 전망된다. 그동안 우리 기업들은 브라질 동부 해안 지역에 집중적으로 투자했는데 이번 인수는 브라질의 내륙으로 진출한 건이다. 인수행사에 나온 한 브라질 연사는 회사를 다른 나라에 파는 것은 기쁜 일은 아니지만 이런 때에도 웃을 수 있는 나라가 브라질이라고 종업원들의 아쉬움을 달랬다. 그리고 기술은 같지만 이를 쓰는 사람은 다르다면서 CJ의 인수에 대해 기대를 나타내면서 특강을 끝냈다. 이어서 한국 본사에서 온 관계자는 종업원들과 별도의 미팅을 가지면서 새로운 한국식 경영 체계에 들어가는 브라질 직원들을 격려했다. 곧바로 음악이 나오고 음식과 음료수를 나누면서 인수행사는 축제 분위기로 바뀌었다. 우리 기업의 해외 경영의 역사는 20년이 되면서 세련되어졌다.

우리 기업의 투자가 한국의 지구 반대편에 있는 브라질까지 이르렀다면 지구상에서 우리의 투자처는 모두 점검된 것이나 마찬가지이다. 한국에서 비행기로 브라질에 가는 동안 모든 나라를 하늘에서 훑어볼 수 있다. 한국에서 브라질로 가는 노선은 그야말로 지구의 모든 나라를 지난다. 첫 번째 항로는 태평양을 건너 미국을 거쳐 브라질로 가는 것이고, 두 번째 항로는 중국을 거쳐 중앙아시아를 건너 유럽·중동·아프리카의 한 도시에서 경유한 다음 대서양을 건너 브라질에 가는 것이다. 한국 CEO는 브라질에 가는 비행기에서 모든 국가의 위치를 머리에 입력한다. 수백 년 전에 유럽인들이 배를 타고 수개월간 항해하면서 얻은 지리적인 노하우는 더 컸을 것이다.

한 나라의 법률, 제도, 관습 등의 체계가 다른 나라에 이식되면 두 나라의 교류는 꾸준해진다. 경제적인 교류에서 볼 때 가격은 큰 영향을 주지 못한다. 서구는 식민지에 그들의 체계를 심었는데 이후 식민지에서는 서구 제품과 전통에 대한 수요가 지속된다. 브라질에서의 예는 포르투갈 빵과 올리브유이다.

포르투갈의 식민지였던 브라질에서는 19세기 포르투갈인이 브라질에 대거 이민을 오면서 빵이 보급되기 시작했다. 초기에는 종교 의식에 사용할 빵만 만들었지만 1953년부터 빵 공장에서 대량 생산하면서 크게 확산되었다. 오늘날 브라질에서 '빵집 주인=포르투갈인'으로 인식된다. 가게 이름도 포르투갈식이 많다. 1850년에 포르투갈에서 처음 시작한 디저트 가게인 'Casa Mathilde'는 2013년에 상파울루에서 개업하여 큰 인기를 끌고 있다. 2015년에 상파울루에 개업한 포르투갈 커피를 제공하는 등 포르투갈 분위기를 연출한 'Manteigaria Lisboa'도 잘나간다.

브라질은 세계 7위의 올리브유 수입국인데 수입의 62%를 포르투갈에서 가져온다. 브라질의 포르투갈산 올리브유에 대한 높은 소비는 식민지 시절에서 시작된다. 당시 포르투갈에서 온 왕가와 수입상은 브라질에서 포르투갈산 올리브유가 최고이며 브라질은 올리브 생산에 부적합한 국가라는 인식을 심었다. 올리브 나무의 재배도 억제했다. 제2차 세계대전 후 유럽 이민자들이 브라질에 정착하면서 올리브 재배가 연구되었지만 브라질은 2008년에서야 비로소 올리브유 생산에 성공했다.

서구는 1500년 이후 대항해 시대부터 식민지를 개척하면서 해외에 진출했다. 초기에는 식민지에 탐험가, 강제 이주자, 항구 인력 등 적은 인구가 살았는데 식민지에서 광물, 원료 등 가치 있는 것이 발견되면서 이민자, 무역업자 등이 식민지로 대거 이주했다. 이민자가 급증하면서 식민지에 도시가 만들어지고 이를 통해서 제도, 사상 등 서구식 체계가 심겼다.

우리의 해외 진출은 1860년 이민으로 시작되었는데 주로 빈곤 때문이었다. 1960대부터 정부가 주도한 브라질 단체 농업 이민도 있었지만 개별 이민이 많았다. 현지에서는 주로 자영업을 했다. 기업들의 경우 해외 건설을 수행하면서 중동 등으로 진출하기 시작했다. 우리는 한국식 체계를 해외 현지에 새롭게 심기보다는 현지의 체계에 적응해야 했다.

식민지를 갖지 못한 우리나라는 다른 나라에 우리의 체계를 심을 기회가 없었다. 그러나 지금 우리가 한국식 체계를 다른 나라에 이식하는 방법은 우리 기업의 해외 투자 진출이다. KOTRA가 발간한 '2016 해외 진출 한국 기업 디렉토리'에 따르면 해외에 진출한 한국 기업은 1만 2,000개이다. 이들이 한국식 체계를 전파하는 전초 기지이다. 현지의 주주, 종업원 등의

현대 한국과 대항해 시대 서구의 해외 진출 차이

구분	근·현대 한국	대항해 시대의 서구
기업	제품·서비스의 판매	광물 원료 확보, 무역 인프라 구축
이민자	개별적 이주	식민지 개발을 위한 정책적·집단적 이주
탐험가	없음	1차 산품과 노동력 발굴
선교사	종교의 전파	종교와 사상의 신규 이식 및 전파

이해 관계자는 한국인 관리자들을 통해서 한국식 의식주를 알게 된다. 이들은 자기 나라에 살지만 한국식 체계 속에서 일하기 때문이다. 종업원과 그들의 부양가족은 한국식 체계의 고객이다. 선진국이 식민지를 통해서 강제로 자신의 체계를 이식했다면 우리는 현지인들이 자발적으로 우리의 체계를 받아들이도록 해야 한다. 우리 것에 대한 꾸준한 수요가 일어나게 하는 방법이다.

전 세계에서의 사회 공헌, CSR

인도네시아의 자카르타 거리에는 일본차 일색이다. 일본은 제2차 세계대전에서 졌지만 이후 동남아시아에 대규모의 원조를 통해서 일본에 대한 우호적인 인식과 상품 체계를 심었다. 인도네시아를 포함한 동남아시아는 자동차에 관한 규격 인증을 일본차를 기준으로 할 정도이다. 이는 일본차

글로벌 공헌 사업과 CSR

* CSV : Creating Shared Value, KSP : Knowledge Sharing Program

가 동남아시아로 퍼지는 도속도로의 역할을 했다.

기업의 사회적 책임(CSR, Corporate Social Responsibility)은 우리나라의 경제영토를 넓히는 데 기여한다. 기업의 사회적 책임이란 글로벌 공헌 사업의 하나인데 '지역 사회 발전', '노동' 및 '인권 개선', '소비자 보호', '환경 개선', '공정 운영' 등에서 기업이 책임 있는 행동을 하는 것이다. 각국 정부와 국제기구(UN, OECD 등)의 기업에 대한 CSR 요구는 기업의 경영 환경 전반에 압력으로, 무역 장벽으로도 다가온다. 한국은 높아진 국제적 위상에 걸맞게 현지 사회에 기여해야 한다고 요구받는다.

무역이 GDP의 88%를 차지하고 해외에 한국 기업이 1만 2,000개 사에 달하는 우리나라로서는 해외에서의 CSR 활동이 중요하다. CSR는 정부·공공기관이 수원국의 경제 개발 및 복지 증진을 지원하는 공적개발원조(ODA, Official Development Aids)와는 구별되는데 CSR는 기업 등 민간단체가 주체가 되어 신흥국에서 경제적, 사회적 문제의 해결을 돕는 민간개발원조(PDA, Private Development Aids)이다.

기업의 CSR 활동은 크게 기업이 '노동', '인권', '소비자', '환경' 등에서 현지 법규나 국제적인 가이드라인을 준수하는 것과, 이해 관계자를 도와주는 활동으로 구분된다. CSR 활동은 기업이 위치한 지역의 취약 계층을 경제적으로 도와주거나 교육시켜 주는 것이 대표적이다.

빈부 격차가 심한 중남미에서 CSR는 중요하다. 빈민층의 의식주 환경은 매우 열악하기 때문이다. 1960년대 남미에서는 교리를 빈곤층의 입장에서 해석하는 해방신학이 탄생했다. 과거 교회는 왕정이든 공화정이든 관계없이 브라질 정권과 타협했고 자유와 평등한 사회를 만드는 데 외면했다. 해방신학은 이러한 것에 대한 반성이다. 브라질의 해방신학자인 클로드비스 보프는 자신이 해방신학을 주장한 계기를 이렇게 말했다.

어느 날 세상에서 가장 가난한 지역 가운데 하나인 브라질 동북부의 한 마을에서 나는 덜덜 떨며 성당으로 들어서는 한 주교를 만났다. 나는 "주교님, 무슨 일이 있었습니까?"라고 물었고, 그는 방금 전에 경험한 소름 끼치는 이야기를 들려주었다. 대성당 앞에 깡마른 한 여인이 세 어린 자녀를 데리고 앉아 있었다. 그 가운데 한 아이는 여인의 목에 매달려 손으로 여인의 가슴을 더듬고 있었다. 아이는 배고픔에 금방이라도 기절할 것 같은 모습을 하고 있었다. 제대로 움직이지도 못하는 그 아이는 마치 죽은 것처럼 보였다. 그래서 주교는 여인에게 "아이에게 젖을 먹여요!"라고 말했다. 그러나 그녀는 "할 수가 없어요, 주교님!"이라고 응답했다. 주교가 계속 강권하자 여인은 할 수 없다는 듯 웃옷의 단추를 풀었다. 그녀의 젖가슴에서는 피가 흐르고 있었고, 아이는 정신없이 그 흐르는 액체를 빨아댔다. 그 아이는 엄마의 피를 빨고 있었으며, 여인은 그렇게 아이의 생명을 연장시키고 있었다. 주교는 자신도 모르게 그녀 앞에 무릎을 꿇었고, 아이의 머리에 손을 가져다 댔다. 그 순간 그는 맹세했다. 이런 종류의 배고픔과 가난이 있는 한, 한끼의 식사라도 줄여 나눔을 실천하겠다고.

–이성형, 『브라질 역사·정치·문화』 중에서

그런데 기업은 CSR 방법에서 절충점을 찾아야 한다. 왜냐하면 기업이 CSR를 단기적인 이익 창출의 수단으로 추진하면 진정성이 없는 것이고, 반면에 기업의 성과와 관계없는 CSR 활동을 장기간 추진한다면 이윤을 추구하는 기업에게는 지속가능한 모델이 아니다. 즉 기업의 성과와 현지 사회 및 이해 관계자에 기여하는 모델이 필요하다. 자사의 핵심 역량에 기반하고, 현지의 사회 문제 해결을 돕는 CSR 활동이 좋다. 자사의 핵심 역량에 기반한다는 것은 자사가 생산하는 제품이나 서비스를 활용하는 것인데 이는 기업이 가장 잘할 수 있는 CSR 활동이다.

예를 들면 자사의 제품·서비스를 필요한 신흥국에 기부하여 제품을 널리 알리고 사회 문제 해결을 도울 수 있다. 자사 생산의 방역연무기를 전염병으로 고통 받는 신흥국 농촌 지역에 기부하여 제품도 알리고 보건 환경을 개선할 수 있다. 기업이 보유한 기술로 '해외기술학교'를 설치하여 현지 전문 인력을 양성할 수 있다. 자사가 개발한 건축 디자인 SW를 신흥국의 대학에 기부하여 건축설계사 육성을 도우면서 자사의 미래소비자인 학생들에게 SW를 알릴 수 있다. 공공연구기관도 시험 인증, 연구 개발의 유휴장비와 운영 경험을 신흥국 연구소에 제공하여 신흥국의 연구 개발 환경의 개선에 기여할 수 있다.

스리랑카에 방역연무기 기부

　기업들은 신흥국의 농어촌 개발에 참여하여 지역의 인력 육성, 소득 증
대, 환경 개선 등에 기여하면서 생산된 수산물 및 가공품을 수입하여 원
료로 쓸 수 있다. 예를 들어 브라질은 수산업 자원이 풍부하다. 브라질은
8,400km에 이르는 해안선과 전 세계 담수의 12%에 해당하는 500만ha의
담수 자원을 갖고 있다. 우리의 우수한 양식 기술을 투자해 볼 만하다.

　우리는 다른 나라를 가르칠 수 있는 자격이 있다. 한국은 세계 경제 11
위인데 우리보다 앞선 나라들은 식민종주국이거나 대국들이다. 우리처럼
식민지를 겪은 나라는 없다. 식민지를 경험한 우리가 경제 개발에 성공했
다는 점에서 개발도상국들에게 희망의 좌표이다. 아프리카 탄자니아는 새
마을운동보다 먼저인 우자마(Ujamaa) 운동을 1971년에 시작했으나 실패했
다. 1980년에 해외에서 개발도상국 사람들이 먼저 한국의 새마을운동을
배우고 싶다고 우리를 찾아왔다. 국제기구에 파견 나간 사람들이 한국의
농촌 개발 사례를 알게 된 것이다. 모두가 뜻은 있지만 실천하는 의지에

2010년대 중국과 1980년대 일본의 평행 이론

구분	기업(분야)	활동 내역
한국 기업	현대자동차 (자동차)	시청, 축구 클럽과 공동으로 축구교실을 운영하여 주민의 스포츠 활동 지원. 치과 클리닉을 운영하여 지난 2년 동안 총 21,000명의 어린이를 치료
	LG전자 (전기전자)	어린이 축구팀 유니폼 제공, 교육·문화·스포츠 활동 등 지역 사회 지원. 빈민촌에 대한 정기적인 물품 지원 활동
	삼성전자 (전기전자)	투모로 솔루션 공모전으로 학생들의 과학 지식 적용의 기회를 제공. 공립 학교들에 태블릿, 스마트 TV, 인터넷 등이 갖추어진 교실 설치
	Conf. MALAGUETA (한인 의류 기업)	아동암 지원 센터에 아동복 판매 금액 전액 지원
	KOTRA	브라질 한인의사협회 및 한국상공회의소와 분기별 빈민촌 의료 봉사
브라질 토종 기업	Vale (광물)	지방 광산 도시 내 공립병원에 각종 의료 장비 기증
	Petrobras (석유)	APAE(장애아동 및 가족협회)와 함께 '모두를 위한 스포츠 교실' 프로젝트 운영
	Gerdau (철강)	직원들이 지방 공립학교 학생들에게 일본 유명 생산 방법인 '5S'를 교육
	Embraer (항공)	상파울루에서 교육비를 지원하는 중·고등학교 운영
	Braskem (화학)	쓰레기 재활용사와 협력하여 쓰레기 수거인에 대한 교육
브라질 내 외국 기업	Fiat (자동차)	12~15세 빈곤 계층 학생들을 위해 악기 연주, 합창, 스포츠 등 각종 문화 교실 운영
	John Deere (농기계)	지방 도시를 중심으로 808명의 아이들에게 음악 수업 등 교육
	Pepsico (식품)	물이 부족한 북동부 지역 주민들을 위해 물 공급
	Danone (식품)	1,500명의 취약 계층 여성을 교육시킨 후 판매원으로 채용
	Johnson& Johnson(보건)	쓰레기 수거 업체와 수거인들의 작업 환경 개선을 지원

따라 결과가 달라졌다.

브라질에는 한국 기업이 121개 사 정도 진출했는데 주로 대기업을 중심

한인의사협회, 코참, KOTRA의 빈민촌 의료 봉사

으로 CSR 활동을 한다. 브라질 국민들이 관심이 많은 축구나 자사 제품을 활용한 CSR가 많다. KOTRA 무역관도 브라질한인의사협회, 한국상공회의소(코참)와 함께 정기적으로 상파울루 교외의 빈민촌에서 분기별로 의료 봉사 활동을 한다. 브라질 기업의 CSR 활동은 크게 지역 인프라 투자, 공립학교 투자 및 교육 기회 증대, 취약 계층 지원 등으로 우리 기업의 활동과 크게 다르지 않다.

'모든 원조는 정치적이다.'라는 말이 있다. CSR도 이유가 있다. 무역 1조 달러를 달성한 우리나라가 무역 2조 달러로 나아가기 위해서는 신흥국을 단순히 수출과 투자의 대상으로만 보지 않고, 상대국의 필요한 부분을 채워 주는 상생 전략이 필요하다. 지금은 상품을 싸게 잘만 만들어서는 안 되는 시대이다. 시장을 창출하면서 팔아야 하는 시대이다. 우리나라의 경제영토를 넓히는 길이다.

05

글로벌 필수재 비즈니스의
주도권을 가져야 한다

한국 '제품 체계'의 수출

우리 수출은 해외 시장의 경기 변동에 비탄력적인 전략이 필요하다. 이의 일환이 상품, 기술, 인력에 대한 '제품 체계 이식 전략'이다. 이것은 우리가 한국산의 '상품', '기술'을 해외에 수출하면서 관련된 제품의 체계를 현지에 이식하여 후속 수출을 유발시키거나, 현지 우수 인재에게 한국 기업에 대한 우호감을 심어 주어 우리 기업이 우수한 현지 인재를 채용하는데 기여하는 것이다. 즉 우리의 지식을 주재국의 산업과 우수 인재에게 갖게 해서 양국 교류의 탄탄한 플랫폼이 만들어지면 주재국의 경기 변동에도 우리 제품의 수요가 영향을 덜 받는다.

첫째, '제품 체계'의 이식이다. 제품의 판매에 그치지 않고 후속적으로

AS가 필수적인 제품의 수출과 수주에 집중해야 한다. 예를 들면 소비자가 한 브랜드의 자동차를 구매하면 자동차 수리를 위해서는 그 브랜드의 소모품을 비싸도 구입해야 한다. 브라질은 수동 개폐식의 엘리베이터에서 신축 건물을 중심으로 자동 엘리베이터로 바뀌고 있다. 한 번 한국 엘리베이터를 구입하여 장착한 빌딩은 AS도 한국식을 따를 수밖에 없다. 사후 관리 서비스의 수출이 이어진다.

철도도 마찬가지이다. 브라질에서 철도 개발은 도로, 항만, 항공 등에 비해 뒤져 있다. 브라질의 물류 인프라 개발 계획에서 철도 인프라의 개발 순위가 높은데 브라질은 상파울루를 중심으로 십자형의 전철 시스템을 구축할 계획이다. 우리가 브라질의 '철도 특성화 도시'의 육성에 협력하거나, '철도학교'를 통해서 현지 우수 인력의 양성을 돕는다면 우리의 기술 체계가 브라질에 자연스럽게 심기고 우리 기업의 프로젝트 수주에도 기여할 것이다. 철도의 한 노선을 우리가 수주한다면 운영 시스템 관계상 다른 노선도 우리가 쉽게 수주할 수 있다.

둘째, '기술 체계'의 이식이다. 우리의 의료 장비 제조 기업이 브라질 업체에 PDP(Productive Development Partnership) 프로젝트를 통해서 기술 체계를 이전하는 것이다. PDP는 브라질 기업이 외국 기업으로부터 기술 이전 또는 합작 투자를 통해 국내에서 의료 장비를 생산하면 브라질 정부는 최대 5년간 독점 구입을 보장해 준다. 포터블 초음파 기기, 디지털 X-ray 장비 등 진단용 의료 기기와 효소 분석기, 멸균 기기와 같은 검사 분석기 등 생산 기술의 이전은 한국산 부품·소재의 꾸준한 수출을 유발할 것이다. 특히 의료 분야는 경기 변동에 비탄력적인 대표적인 분야이다.

또한 우리가 초기 단계에 있는 브라질 아마존 병원선 건조 프로젝트에 처음부터 참여한다면 한국식 의료 서비스, 의료 장비, 의료 기술 등을 브라질에 이식할 수 있다. 병원선은 넓은 아마존에 흩어져 사는 주민들을 배로 방문하여 의료 서비스를 제공하는 프로젝트이다. 또한 한국정보화진흥원은 브라질 과학기술혁신통신부, 국가통신연구소와 함께 2017년 한-브라질 IT 협력 센터를 개소하여 한국의 이동통신 5G와 사물 인터넷을 접목한 정밀 농업 기술을 개발하고, 이를 기반으로 파일럿 프로젝트를 수행해 브라질 전역에 사물 인터넷 연계 산업을 확대한다.

셋째, 브라질의 우수 인력에 한국 기업에 대한 지식을 심어 주는 것이다. 예를 들어 브라질의 '국경 없는 과학' 유학생으로 한국식 동문회를 결성하여 수시로 한국 문화와 우리 기업의 채용 정책을 제공하면서 우수 인력 풀을 구축할 수 있다. '국경 없는 과학'은 브라질 정부가 우수한 이공계 대학생들을 선발해 한국과 미국, 영국, 독일 등 과학 기술 선진국에 1년간 국비로 유학을 보내는 프로그램이다. 한국에서는 지금까지 12개 대학에서 총 430명의 브라질 학생이 유학했다. 무역관이 2015년 10월에 105명의 한국 유학생으로 동문회를 결성하면서 브라질에 진출한 한국 기업들도 이들에게 기업을 설명했다.

글로벌 필수재 비즈니스

해외에서 미국이나 유럽에서 온 서구 기업의 주재원들이 한국인 주재원보다 훨씬 부유하게 산다. 서구 기업 주재원이 사는 집은 크고 자녀를 위한 파티도 화려하며 휴가도 한 달씩 유명 휴양지에서 보낸다. 이들 서구 기업의 비즈니스는 '글로벌 필수재'를 취급하는 경우가 많다. '필수재'란 소득의 높고 낮음에 관계없이 사람이 사는 데 필수적인 제품이나 서비스이다. '글로벌 필수재'란 전 세계적으로 수요가 있는 필수재이다. 예를 들면 곡물, 에너지, 치료약, 제조품 원료, 금융 등이다. 필수재의 정의는 시대에 따라 변한다.

서구 기업은 글로벌 필수재인 곡물, 광물, 석유, 제약, 신용 카드 등에서 핵심 기업으로 포진해 있다. 국제 곡물 시장을 장악한 'ABCD〔Archer Daniels Midland(미국), Bunge(네덜란드, 미국), Cargill(미국), Louis Dreyfus(프랑스)〕는 유명하다. 광물은 생산 활동의 동력이 되거나 모든 제조품의 원재료로 쓰인다. BH〔Billiton(호주), Rio Tinto(호주), Glencore(스위스)〕 등이 있다. 현대 경제에서 석유는 산업의 필수재이다. 이를 반영하듯 2016년 『포춘』 500대 기업에서 매출 순위 상위 10개 사 중 5개가 석유 기업이다. 중국의 석유 기업들이 크게 성장했지만 아직도 엑슨·모빌, 걸프, 텍사코, 로열 더치 셸, BP 등 미국·영국의 석유 회사는 탐사·채굴, 정유, 판매에서 기술력과 영향력이 막강하다. 질병 치료에 필수적인 약은 주로 미국, 영국, 독일, 스위스 회사들이 개발·공급한다. 무역에서 대금 결제는 필수적인데 기축통화를 갖고 있는 미국은 국제 금융 거래를 장악하고 있다. 개인의 해외 여행에서 지출 수단은 비자 또는 마스터 신용 카드이다.

곡물, 광물, 석유 등의 1차 산품(commodity)에 서구 선진국의 영향력은 절대적이다. 이를 증명하듯 대부분의 거래 시장은 서구 선진국에 있는데 여기에서 가격이 결정된다. 시카고상품거래소, 뉴욕상업상품거래소, 런던금속거래소 등에서 1차 산품이 거래된다. 브라질 상파울루 증권거래소(BM&F BOVESPA)에서도 설탕, 육우, 커피, 알코올, 옥수수, 금, 석유, 대두 등

주요 필수재 비즈니스의 선도 국가와 기업

분야	국적	주요 기업
제약	미국	Johnson & Johnson
	독일	Bayer
	스위스	Novartis
	미국	Pfizer
	미국	Roche
	미국	Merck
	미국	Sanofi Genzyme
	미국	Gilead
	영국, 스웨덴	AstraZeneca
	영국	GlaxoSmithKline
신용 카드	미국	Visa
	미국	MasterCard
	미국	Chase
	미국	American Express
	미국	Discover
	미국	Citibank
	미국	Capital One
	미국	Bank of America
	미국	Wells Gargo
	미국	US Bank
석유	사우디아라비아	Saudi Aramco
	중국	Sinopec
	중국	China Nat'l Petroleum Cor.
	중국	PetroChina
	미국	ExxonMobil
	영국, 네덜란드	Royal Dutch Shell
	쿠웨이트	Kuwait Petroleum Corp
	영국	BP
	프랑스	Total SA
	러시아	Lukoil
	브라질	Petrobras
곡물	미국	Cargill
	미국	ADM
	미국	Bunge
	프랑스	Louis Dreyfus
광물	호주	BHP Billiton
	호주	Rio Tinto
	스위스	Glencore
	중국	China Shenhua Energy
	브라질	Vale
	인도	Coal India
	미국	Southern Copper
	러시아	Norilsk Nickel
	캐나다	Barrick Gold
	영국	Anglo American

＊자료원 : www.ft.com, www.mining.com, jornalggn.com.br, www.prodinical.com, www.cardrates.com

인부가 거래된다. 국제적으로 통용되는 브라질의 상품지수는 '파라나과 선물지수'가 있다. 시카고선물거래소에서 거래되는 브라질산 대두와 옥수수는 '파라나과 선물지수'를 기준으로 한다. 이 지수는 파라나과 항구에서 거래되는 수출용 대두의 일일 평균가이다. 평균가는 대두 생산 업체, 수출 업체, 중개 업체 등 생산에서 수출에 참여하는 업체 다수를 대상으로 조사한다. 대두 1포대(60kg) 가격에 대한 미국 달러로 표시되고 파라나과 항구까지 배달하는 조건이다. 파라나과 항구는 브라질 남부 파라나 주에 위치한 브라질 최대 곡물항이다.

국제 금융 시장은 뉴욕, 런던, 프랑크푸르트, 도쿄 등에 있다. 가격은 거래소에서 결정되어 국제 상품 가격지수로 발표된다. 예를 들면 로이터 지수는 쌀, 콩, 옥수수 등의 원료 상품의 국제 가격으로 발표되고, 원유 가격은 서부텍사스 WTI유, 브렌트유, 두바이유로 표기된다. 거래소가 있는 도시에서는 관련 가공 산업, 중개, 물류·유통, 해운, 금융, 컨설팅 등의 전후방 산업이 같이 발달한다. 거래 시장의 영향력이 크기 때문에 석유의 경우는 2000년대에 들어서 세계 각국에서 국제석유거래소를 설립하려는 움직임도 있다.

글로벌 필수재에는 엄청난 돈이 몰린다. 브라질의 석유 기업인 페트로브라스(Petrobras)의 뇌물 사건을 통해서도 석유 산업의 규모를 짐작할 수 있다. 현재까지 확인된 10년간의 뇌물과 연관된 금융 거래의 규모는 2.5조 달러이다. 2015년 브라질의 GDP는 1.8조 달러를 넘는 수준이다.

서구 기업은 필수재 비즈니스의 주도권을 잃지 않으려고 한다. 브라질 경제위기 때마다 등장하는 미국 음모론이 있다. 브라질이 경제위기에 처하면 미국 금융기관들은 브라질에 신규 자본을 제공하지 않고 기존 대출도

•페트로브라스 비리 사건•

2014년 브라질 연방법원은 암달러상으로 구성된 범죄 조직을 수사하는 과정에서 배후에 브라질 최대 기업 페트로브라스의 비리를 발견했다. 특별검사팀은 작전명 '고속세척기(Lava-Jato)'의 수사를 통해서 지난 10년 동안 브라질 대형 건설사들이 각종 공사 수주를 위해 페트로브라스의 고위 간부 및 정계 인사에게 거액의 뇌물을 건넨 증거를 포착했다. 건설사들은 공사 금액을 실제보다 부풀려서 총액의 1~5%를 뇌물로 썼다. 뇌물은 암달러상 등에 의해 현금, 해외 송금, 페이퍼 컴퍼니와의 허위 계약을 통해 정계 및 재계 인사에 전달됐다. 연방법원은 3년간 수사하여 200건의 구속 명령을 내렸다. 현직 테메르 대통령, 전직 지우마 대통령, 전직 룰라 대통령도 혐의를 받고 있고, 브라질 1위 건설사인 Odebrecht사의 회장, 전직하원의장 Eduardo Cunha, 전 리오 주지사 Sergio Cabral 등 20여 명이 구속되었다.

연장해 주지 않는다. 브라질에 외환 공급이 줄어서 브라질 화폐 가치가 급락한다. 브라질 정부와 기업들은 빚을 갚기 위해 자산을 팔기 시작한다. 이때 미국이 강한 달러로 브라질 인프라 기업 등과 같은 필수재 비즈니스 기업을 매입한다는 내용이다. 1997년 외환위기가 확산되던 당시 Cardoso 대통령은 구조 조정의 일환으로 페트로브라스의 외국인 지분율을 기존 00%에서 49%까지 허용하는 법안을 발효시켰다. 현재 페트로브라스의 외국인 지분율은 18%이다.

제조품에 들어가는 중간재도 필수재이다. 제품의 제조 과정은 원자재를 중간재로 만든 후 이를 조립·가공함으로써 완제품으로 만들어진다. 중간재는 다양한 완제품에 공통적으로 필수적으로 들어가는 반도체, 화학 제품, 디스플레이, 배터리 등의 소재, 부품 등이다.

일본은 1차 산품의 필수재 비즈니스를 갖지 못했지만 부품·소재 등 중간재의 필수재를 장악했다. 액정 편광판 보호 필름, 반도체 포토레지스터, 전지 소재 등 일본산이 없으면 전 세계의 전자 산업이 멈춘다. 주요 산업의 조립·가공 분야에서는 한국과 중국 등에 밀리지만 소재·부품에서는 압도적 경쟁력을 유지하고 있다.

필수재는 단가는 낮아도 판매량이 엄청나기 때문에 1센트만 올려도 생

제조품의 생산 과정

원자재 (석유, 곡물, 광물 등)	→	중간재 (소재, 부품, 금속, 유리, 플라스틱, 반도체 등)	→	완제품 (전자 제품, 자동차 등)
서구 선진국이 강한 부문		일본이 강한 부문		한국이 강한 부문

산 기업에게는 엄청난 수입을 가져온다. 필수재는 시장 개방 이전에도 오래 전부터 글로벌 시장이 형성되어 있다. 삼성전자가 사상 최대의 매출을 올리는 것도 전자 제품의 필수재인 반도체를 글로벌 시장에 팔기 때문이다.

글로벌 필수재의 범위를 좀 더 확대하면 공항, 물, 전기, 가스, 도로 등의 필수재를 공급하는 인프라도 필수재 비즈니스이다. 2017년 7월에도 재정 위기의 브라질 정부가 내놓은 Fortaleza, Salvador, Florianopolis, Porto Alegre에 지방 공항 4개를 스위스, 독일 등의 선진국 기업이 사 갔다. 세계적으로 하나밖에 없는 유명한 행사나 관광도 글로벌 필수재이다. 윔블던 테니스 대회, 시드니의 연말 불꽃놀이, 예루살렘, 메카 등이다. 세계의 모든 테니스 선수는 세계 최고 권위의 테니스 대회인 윔블던 대회에 참가하기를 꿈꾼다. 대회 기간에는 영국이라는 단어가 전 세계에 주입되어서 우리

세계 시장을 장악한 일본 소재·부품

분야	주요 품목
반도체	실리콘 웨이퍼(단결정), 반도체용 차단재, CMP 슬러리, 반도체 봉지재, 토레지스터(감광재), 이미지 센서
화학	Pan계 탄소섬유, 수처리막
디스플레이	액정 편광판, 반사 방지 필름, 액정 디스플레이 글래스, 액정 편광판 보호 필름, ACF(이방성도전막)
배터리	니켈 수소 전지 소재, 리튬 이온 2차 전지 소재
정보통신	DC-DC 컨버터, 전자 컴퍼스(GPS용)
자동차	Blu-Ray 드라이브, 광픽업, 와이어 하니스, 스타터, 자동차용 글래스

*자료원 : 일본은 어떻게 소재강국이 되었나?(2013. 포스코경영연구소)

가 올림픽 개최로 얻은 긍정적인 효과를 매년 만들어 낸다. 시드니에서 매년 연말에 펼쳐지는 화려한 불꽃놀이는 전 세계적으로 유명하다. 시드니 항구를 배경으로 한 전 세계에서 하나밖에 없는 행사이다. 이벤트 비용은 투자 비용이다. 기독교, 이슬람, 유대교의 성지인 예루살렘은 신앙인이 평생 동안 가 보기를 꿈꾸는 곳이다.

화가 고흐는 네덜란드를 크게 먹여 살린다. 한 명의 세계적인 유명인이 국가에 얼마나 기여하는지는 미술관 앞에 길게 늘어선 줄을 보면 알 수 있다. 브라질은 뛰어난 축구선수와 감독도 필수재이다.

필수재가 아닌 대체재 비즈니스는 경쟁이 치열하다. 중국의 등장으로 더욱 그렇다. 한국은 완제품 제조에 특화되어 있다. 우리는 제조품의 고유 기능은 큰 변화가 없지만 세부 기능을 계속 개발하여 경쟁력을 유지한다. 예를 들면 한국의 내비게이션은 핵심 기능에는 큰 변화가 없지만 경쟁 제품보다 더욱 현장감 있게 구현하기 위해 계속 진화했다. 이것은 브라질의 핵심 산업인 요식업의 치열한 경쟁과 비슷한데 브라질의 고급 식당은 다른 식당과의 치열한 경쟁에서 이기기 위해 음식을 예술적 경지까지 올리고, 인테리어는 화려함의 극치이다.

한국 경제의 미래는 우리가 얼마나 더 '글로벌 필수재'를 만들어 낼 수 있느냐에 있다. 선진국들이 1차 산품의 필수재로 부를 창출했던 환경이 변하고 있다. 석유 경제는 신재생 에너지로 인해 전환되고, 오늘의 신기술은 내일에 보편화되고, 미디어의 발달로 서구의 정보 독점은 약화되고 있다. 의식주 관련, 신약, 대체 에너지, 정보 통신, 소재·부품, 방산, 항공·우주, 수자원 관리 등에서 우리의 새로운 필수재를 기대한다. 이것은 우리가 개미처럼 휴가도 없이 야근하는 고리를 끊는 방법이다.

브라질은 가까이 있다!

필자는 1993년에 섬유전시회의 개최를 위해 상파울루에 출장을 갔다. 최초의 해외여행이어서 지금도 모든 것이 기억난다. 상파울루는 이국적이었다. 자동차 알코올 연료의 불완전 연소로 인한 도심에 꽉 찬 야릇한 냄새, 밤에 일본인 거리의 보름달처럼 하얗게 빛나던 가로등, 한국 식당의 삼겹살 불판에 칠한 버터가 타는 달콤한 향기, 생글생글 웃는 늘씬한 미인들, 호텔 근처 공터에서 축구하던 아이들, 끝없이 나오는 슈하스코 고기, 희한하게 생긴 열대 과일, 꾸불꾸불 울퉁불퉁 도로, 쓴 에스프레스 커피 등.

여자의 친절과 애정을 잘 구분하지 못하던 때에 내게 친절했던 교포 통역 아가씨를 보면서 결혼해서 브라질에서 살면 어떨까 했던 상상까지도.

2015년 1월에 22년 만에 24시간의 비행 끝에 다시 브라질에 3년을 근무하러 왔다. 브라질에 오는 사람들이 많이 하는 이야기인데 필자도 두 번째로 올 줄은 몰랐다. 어렵게 첫 거래를 튼 효과가 22년 만에 다시 나타났다. 필자는 한 달 늦게 도착한 아내와 둘째를 맞이하러 공항에 갔다. 대합실로 나온 집사람의 첫 마디는 "내가 브라질까지 오다니…"였다. 네 번째 해외 근무지만 아내한테도 먼 브라질은 쉽게 꿈꾸기가 어려운 곳이었다.

이곳에서 산 지 2년이 지난 지금은 먼 거리는 심리적으로 극복되었다. 24시간의 비행 시간도 익숙해졌다. 이곳에 있는 우리 기업인이나 교포 기업인들 모두들 다 그렇게 한국을 오간다. 11시간 비행해서 중간 경유지인 유럽의 공항에서 우리나라의 국적기를 보면 앞으로 13시간 이상 더 가야 하지만 한국에 다 온 것 같은 느낌도 든다.

브라질은 더 이상 이국적이지 않다. 브라질에 와서 외국 기업들과 치열하게 경쟁하는 우리 기업들을 보면 오히려 브라질은 약육강식의 '아마존 밀림'이다. 브라질은 "땅 주고 시장을 줄 테니 마음껏 팔되 기술도 주고 고용해 다오."라고 요구하는 것 같다. 22년 전에 우리 기업은 거의 없었는데 지금은 120개 사가 활발하게 활동하고 있다.

상파울루는 주어진 환경에서 체계 정비를 계속하고 있다. 외관은 22년 전과 변함이 없지만 시내의 건물은 내·외부 공사가 끊임없다. 보도의 개·보수는 주말도 없다. 2,000만 명이 빽빽하게 사는 상파울루에서 시원하게 새 길을 내고 낡은 건물을 헐고 새로 짓고 싶지만 엄청난 비용을 생각하면 현실적으로 어렵다. 정치인이나 경제인의 부패를 척결하기 위해 싸우지만 극한까지는 가지 않으며, 시장은 개방하지만 토종 기업은 키우는 기존의 체계를 유지하는 모습과 같다.

극과 극, 지구의 대척점에 있는 한국과 브라질은 통한다. 얼마 전 한국에 출장을 갔을 때 알게 되었는데 필자 형의 장인어른도 1960년대에 신문광고를 보고 브라질로 농업 이민을 생각했으나 주변의 만류로 그만두었다고 한다. 어려운 시기에 브라질을 마음에 둔 한국인이 많았다.

부록

브라질 국가 개요

국명	브라질 연방 공화국(República Federativa do Brasil)
위치	남미 대륙 동부
면적	851만 1,965m²(세계 5위, 남미 대륙의 47.7%)
기후	열대성(북부), 아열대성(중부), 온대성(남부) 연평균 기온은 23~24℃로 4계절 구분이 뚜렷하지 않음
수도	브라질리아(Brasilia, 인구 260만 명)
인구	2억 1,000만 명
주요 도시	São Paulo, Rio de Janeiro, Porto Alegre, Curitiba 등
민족	백인(48.4%, 포르투갈계, 독일계, 이탈리아계, 스페인계, 폴란드계 등) 흑백혼혈(43.8%), 흑인(6.8%), 기타(1.2%, 일본계, 아랍계, 인디오)
언어	포르투갈어
종교	가톨릭(64.6%), 개신교(22.2%), 무교(8.0%), 기타
건국(독립)일	1822년 9월 7일(포르투갈로부터 독립)
정부 형태	대통령 중심제(4년, 중임 가능)
국가원수	미셰우 테메르(Michel Temer) 대통령

한국과 브라질의 역사

연도	한국	브라질
1500~1549년	1506년 – 중종반정으로 연산군 폐위(1530년) 백과사전식 지리지인 「신증동국여지승람」 편찬	1500년 – 카브랄이 브라질 발견 1539년 – 아프리카 노예 유입 시작
1550~1599년	1592년 – 임진왜란 발발	1554년 – 상파울루 시 창설
1600~1649년	1610년 – 허준 「동의보감」 발행 1645년 – 소현세자가 서양 문물 도입으로 조선 발전을 시도했으나 인조 반대로 실패 1636년 – 병자호란 발발	1624년 – 네덜란드의 살바도르 점령
1650~1699년	1653년 – 서양 천문학의 영향을 받아 만들어진 역법인 시헌력 채택 1678년 – 유일한 법화인 상평통보 발행	1693년 – 미나스제라이스 주 최초 금광 발견
1700~1749년	1708년 – 공물을 쌀로 통일하게 한 세금제도인 대동법 전국 확대 실시 1725년 – 영조의 탕평책 실시	1705년 – 미나스제라이스에 포르투갈인 대거 이민
1750~1799년	1750년 – 군역 부담을 덜어 주기 위한 균역법 시행 1776년 – 규장각 설치 1/84년 – 천주교 전도	1763년 – 살바도르에서 리우로 수도 천도
1800~1849년	1811년 – 홍경래의 난 1832년 – 영국 로드 암허스트호가 최초로 통상 요구	1808년 – 브라질 은행 설립 1822년 – 돔 페드루 1세의 브라질 독립 선언 1824년 – 최초의 브라질 헌법 공포
1850~1899년	1860년 – 동학 창도 1861년 – 「대동여지도」 발행 1863년 – 흥선대원군 집권 1866년 – 병인양요 1871년 – 신미양요 1882년 – 일본과 제물포 조약 체결, 청과 조청상민수륙무역장정 체결 1883년 – 「한성순보」 발간, 전환국 설치, 최초 근대학교 원산학사 설립 1884년 – 갑신정변 1894년 – 동학농민운동, 갑오개혁 1897년 – 대한제국 수립	1851년 – 유럽과 남미 간 증기선 정기 출항 1854년 – 리우에 가스등이 켜지고, 최초 철도 개통 1865년 – 파라가이아 전쟁 1874년 – 이탈리아계 이민자 유입 1888년 – 노예제 공식 폐지 1889년 – 공화국 선포 1894년 – 최초의 민정 대통령 선출
1900~1949년	1900년 – 경인선 철도 개통, 종로에 가로등 설치 1903년 – 서울–개성 철도 착공 1910년 – 한일합병조약 체결 1919년 – 3·1운동 1920년 – 「조선일보」, 「동아일보」 창간 1945년 – 광복 1948년 – 대한민국 정부 수립	1908년 – 일본계 이민 최초 도착 1927년 – 국영항공사 바리기 설립 1930년 – 바르가스, 쿠데타로 대통령 취임 1935년 – 계엄령 선포 1940년 – 최저임금제 실시 1942년 – 제2차 세계대전 참전, 국영제철소 발레 설립
1950~1999년	1950년 – 한국전쟁 발발 1961년 – 5·16 군사쿠데타 1962년 – 증권거래소 보통거래 시작 1964년 – 울산정유공장 준공 1970년 – 경부고속도로 개통 1974년 – 서울 지하철 1호선 개통 1977년 – 수출 목표 100억 달러 달성 1988년 – 서울올림픽	1953년 – 페트로브라스 설립 1955년 – 주셀리노 쿠비체크 대통령 당선 1964년 – 브라질리아 출범 1969년 – 국영항공사 엠브라에르 설립 1980년 – 노동당 창당 1992년 – 콜로르 대통령 탄핵

* 자료원 : 이성형, 「현대 브라질 빛과 그림자」, 서울: 두솔, 2011.
http://snulas.snu.ac.kr, 국사편찬위원회, http://db.history.go.kr/

브라질 역대 대통령의 출신 지역

주	명
Minas Gerais	7
Rio Grande do Sul	7
São Paulo	5
Rio de Janeiro	4
Alagoas	2
Ceará	2
Bahia	1
Maranhão	1
Mato Grosso do Sul	1
Paraíba	1
Pernambuco	1
Rio Grande do Norte	1
Santa Catarina	1
합 계	35

브라질의 주요 정당(2017. 10. 18. 현재)

약자	당명	하원 (명)	상원 (명)	노선	개요
PSL (연립정권)	사회진보당	2	0	보수, 친시장	1994년 창당. 정부 역할 축소, 치안 · 교육에 집중. 각종 세금을 통일한 '연방통합세' 마련 주장
PRP (연립정권)	진보공화당	1	0	보수, 친시장	1989년 창당. 개인적 자유 주창. 특정 지역(São José do Rio Preto)에서 강세
PR (연립정권)	공화당	37	4	보수, 친시장	2006년 창당. 교도소 강제 노동 제도, 소형무기 구매 완화 주장
PRB (연립정권)	브라질 공화당	22	1	보수, 친시장	2005년 창당. 일자리 창출, 인권 보장에 동조. 대표 정치인들*은 오순절운동 기독교 목사 *주요 정치인: Marcelo Crivella(리우 시장), Marcos Pereira(산업부 장관)
PMDB (연립정권)	브라질 민주운동당	62	22	보수, 친시장	1980년 창당. 브라질 최대 정당, 헌법 규범 유지에 동조, 브라질 집권층을 좌우하는 정당, 대표적인 인물 중 Paulo Skaf(FIESP 회장)과 Michel Temer 대통령
PP (연립정권)	진보당	45	6	보수, 친시장	1993년 창당. 군대와 기독교 등 보수층 대변
DEM (연립정권)	민주당	29	4	보수, 친시장	2007년 창당. 북동부에서 지지를 받는 정당. 하원의장 Rodrigo Maia 소속
PTB (연립정권)	브라질 노동당	16	2	보수, 친시장	1981년 창당(2차). Getulio Vargas 대통령이 창당한 정당으로 1964년 군정 이전까지 좌파 성향이 있었으나, 재창당 이후 중도우파 노선임. 노동법과 노동자의 권리를 지키고자 하는 목적이 핵심이지만 하원의원 중 76%가 노동법 개정 찬성
SD (연립정권)	연대당	14	0	보수, 친시장	2013년 창당. Força Sindical 노동조합 Paulinho da Força 원장이 창당. 노동자를 위한 정책에 동조하지만 2014년 대선에 친시장 PSDB 후보 Aécio Neves를 지지
PSD (연립정권)	사회민주당	39	4	보수, 친시장	2011년(DEM 분당되어) 창당. 세제 간소화, 농 · 축산업 지원 지지
PHS	인류연대당	7	0	보수, 친시장	1997년 창당. 가톨릭 사회주의 및 가톨릭 연대주의를 따르는 정당
Pode	전국노동당	18	3	보수, 친시장	1995년 창당. 1962년 대통령 Jânio Quadros 의 영감을 받아 반부패 원칙 지지
PSC (연립정권)	사회기독당	10	1	보수, 친시장	1990년 창당. 기독교와 긴밀. 마약 금지법과 낙태 금지법을 유지, 형사 책임 최소연령 조정 주장
PSDB (연립정권)	브라질 사회민주당	44	12	보수, 친시장	1988년 창당. 브라질 2위 정당, 지속가능한 경제 성장 등 친시장 정책에 지지

약자	당명	하원 (명)	상원 (명)	노선	개요
PEN (연립정권)	국민 생태주의당	3	0	진보, 친시장	2012년 창당. 친환경 활동. 2018년 대선 잠재 후보 사 Jair Bolsonaro(극우)는 2017년 말까지 이 당에 가입할 예정. 정당명도 PATRIOTA(애국자)로 변경 예정
PPS (연립정권)	인민사회당	9	1	진보, 친시장	1992년 창당. '제3의 길' 정치 노선을 따라 활동하는 정당. 단 현대 우파 정당의 성향
PV	녹색당	6	0	진보, 친시장	1986년 창당. 지속가능 정책과 환경부 역할 강화 지지
PDT	민주노동당	21	2	보수, 친분배	1981년 창당. 노동자 생활 여건 향상 중요. *2016년 지우마 호세프 탄핵에 대한 의원들의 반응이 각양 각색
PTdoB (AVANTE) (연립정권)	브라질 노동당	6	0	보수, 친분배	1989년(PTB와 분당하여) 창당. 본래 노동자 단결과 분배를 지지했으나 2016년 이후 친테메르 활동으로 내부 갈등. 2017년 정당명을 Avante(직진)으로 변경
PSB	브라질 사회당	37	4	진보, 친분배	1988년 창당. 북동부 Pernambuco 주에서 Arraes (전통적으로 대표적인 정치인) 가족에게 얻은 정치 지지에 힘입어 전국에서 활동. 사회적 개방, 일자리 창출, 노동자 삶의 질 향상 등 지지
Pros (연립정권)	사회공화당	6	1	진보, 친분배	2010년 창당. 세금 부담 절감, 마약 통제, 치안 문제 해결, 대중교통 투자 확대, 관료주의 완화 등 지지
PC do B	브라질 공산당	12	1	진보, 친분배	1988년 창당. 노동자 위주로 국유 재산의 동등한 분배를 지지
PT	노동당	57	9	진보, 친분배	1980년 창당. 상파울루 인근 도시 철강노동자조합 에서 유래된 정당. 최대 좌파정당. 2002~2016년에 룰라 대통령 집권. 저소득층을 위한 사회복지 정책, 소비 강화에 동조
PSOL	자유 사회주의당	6	0	진보, 친분배	2004년(PT와 분당) 창당. 성, 종교 등의 자유를 지지. 2004년에 PT(노동당) 비리 뇌물 사건을 맞이해 분당한 정당인 만큼 적극적으로 반부패 활동
Rede	지속가능 네트워크	4	1	진보, 친분배	2015년 창당. 청년층 대상 정당. 친시장, 친환경 및 친재산분배 노선을 조화시켜 '신규 정치' (정치 체계 개혁) 도입 주장

*자료원 : 브라질 국회·정당 홈페이지 등 취합. 상원 3명은 무소속

참고 문헌

국문 자료

갤브레이스, 존.『풍요한 사회』. 서울 : 한국경제신문사. 2006.

곽해선.『경제기사 궁금증 300문 300답』. 서울 : 동아일보사. 2011.

김건화.『신이 내린 땅, 인간이 만든 나라 브라질』. 서울 : 미래의 창. 2010.

김두영.『올 댓 브라질』. 서울 : 매일경제신문사. 2013.

김용선.「개혁 이후 중국 경제성장의 변화와 전망」,『중국학 연구』. 중국학연구회. 2001.

김용운.『풍수화』. 서울 : 맥스미디어. 2014.

김형오.『술탄과 황제』. 경기 : 북이십일. 2012.

리영희.『전환시대의 논리』. 서울 : 창비. 1999.

린이푸. 서봉교(역).『중국 경제 입문』. 서울 : 오래. 2012.

마르케스, 가브리엘 가르시아.『백년의 고독』. 서울 : 민음사. 2000.

메러디스, 마틴.『아프리카의 운명』. 서울 : 휴머니스트. 2014.

몽테스키외, 샤를 드. 김미선(역).『로마의 성공 로마제국의 실패』. 서울 : 사이. 2013.

솔로몬, 로버트.『세상의 모든 철학』. 서울 : 이론과 실천. 2007.

송기도.『콜럼버스에서 룰라까지』. 경기 : 개마고원. 2003.

송민순.『빙하는 움직인다 : 비핵화와 통일외교의 현장』. 경기 : 창작과 비평. 2016.

스노, 에드거.『중국의 붉은 별』. 서울 : 두레. 2013.

실버스타인, 켄.『다른 세계는 가능하다』. 서울 : 책갈피. 2002.

아리스토텔레스. 천병희(역).『정치학』. 전북 : 숲. 2009.

아슬란, 레자.『젤롯』. 서울 : 와이즈베리. 2014.

아우렐리우스, 마르쿠스. 천병희(역).『명상록』. 전북 : 숲. 2016.

안경자.『열대문화』. 경기 : 보고사. 2013.

오영호.『미래중국과 통하라』. 2012.

_____,『신뢰경제의 귀환』. 서울 : 메디치미디어. 2013.

오웅서. 『아마존의 꿈』. 상파울루 : 남미동아일보사. 2004.

이광윤. 『브라질 흑인의 역사와 문화』. 부산 : 산지니. 2015.

이기백. 『한국사신론』. 서울 : 일조각. 2012.

이성형. 『대홍수 : 라틴아메리카 신자유주의 20년의 경험』. 서울 : 그린비. 2009.

_____, 『브라질 : 역사, 정치, 문화』. 전북 : 까치. 2010.

_____, 『현대 브라질 : 빛과 그림자』. 서울 : 두솔. 2011

이영선. 『경제기적의 비밀』. 서울 : 경향BP. 2012.

장하준. 『장하준의 경제학 강의』. 서울 : 부키. 2014.

조환익. 『우리는 사는 줄에 서 있다』. 서울 : 청림출판. 2011.

_____, 『한국 밖으로 뛰어야 산다』. 서울 : 청림출판. 2009

주한브라질문화원. 『브라질 속의 한국인』. 서울 : 대한민국역사박물관. 2014.

청차오. 최윤정, 김준봉(역). 『중국 경제성장의 비밀』. 서울 : 지상사. 2005.

케네디, 폴. 『강대국의 흥망』. 서울 : 한국경제신문사. 1990.

코트라. 「브라질 국가정보」. 2017.

_____, 「이스라엘 국가정보」. 2017.

_____, 「중국 국가정보」. 2017.

_____, 「호주 국가정보」. 2017.

함유근, 채승병. 『빅데이터, 경영을 바꾸다』. 서울 : 삼성경제연구소. 2012.

현대경제연구원. 『대한민국 미래지도』. 서울 : 티핑포인트. 2014.

홍익희. 『유대인 이야기』. 서울 : 행성B. 2013.

후쿠야마, 프랜시스. 『역사의 종말』. 서울 : 한마음사. 1992.

휴버먼, 리오. 『자본주의 역사 바로 알기』. 서울 : 책갈피. 2000.

김재순. 「KOREA-BRAZIL FOCUS」. 2017. 10. 9.호, 2017. 10. 23.호.

박용삼. 「일본은 어떻게 소재강국이 되었나?」. 『POSRI 보고서』. 포스코경영연구소. 2013.

신종호. 「중국의 대외정책 과정에서 지방정부의 역할」. 『EAI 중국연구패널 보고서』. 동아시아연구원. 2014.

중국. 「30년 전 일본경제와 비슷」. 한국일보 2017. 5. 20.

BBC WORLD SERVICE · GLOBESCAN · EAI 공동 2014 24개국 GLOBAL POLL 국제조사

HTTPS://KO.WIKIPEDIA.ORG

HTTPS://NAMU.WIKI

HTTP://NEWS.CHOSUN.COM

HTTP://WWW.DOOPEDIA.CO.KR

HTTPS://WWW.VOAKOREA.COM

외국 자료

2015 ACTIVITY REPORT(BOMBARDIER, 2016)

A CONCISE HISTORY OF BRAZIL(FAUSTO, BORIS. 1999, CAMBRIDGE : CAMBRIDGE UNIVERSITY PRESS)

BRAZIL IN THE WORLD(SEON W. BURGES)

BRAZIL : THE TROUBLED RISE OF A GLOBAL POWER(REID, MICHAEL. 2014. NEW HAVEN : YALE UNIVERSITY PRESS)

FAO(FOOD AGRICULTURE ORG, UN). HTTP://WWW.FAO.ORG/STATISTICS/EN/

FORTUNE 500, 2017.

OECD TOURISM TRENDS AND POLICIES 2016. INTERNATIONAL TOURIST ARRIVALS, 2010-14.

RAÍZES DO BRASIL(BUARQUE DE HOLANDIA, SÉRGIO. 1936, SÃO PAULO : JOSÉOLYMPIO EDITORA)

SALADIN : LIFE, LEGEND, LEGACY(MAN, JOHN. 2015. LONDON : BANTAM PRESS)

WHY THE WEST RULES FOR NOW(NEW YORK : FARRAR, STRAUS AND GIROUX, MORRIS, IAN. 2010)

WORLD TRADE ATLAS

HTTPS://EXTRA.GLOBO.COM

HTTPS://SITES.PSU.EDU

HTTPS://WWW.KNOW.CF